publication PN° 1
Bibliothek der Provinz

Andreas Renoldner
Das Leben des hl. Pieslwang
Eine Legende

herausgegeben von
Richard Pils

Verlag
publication PN°1
© Bibliothek der Provinz
Wien – Linz – Weitra
A-3970 WEITRA
02815/35594

ISBN 3 85252 018 5

printed in Austria
by
Schindler
A-3950 Gmünd

Andreas Renoldner
Das Leben des hl. Pieslwang

Eine Legende

Vorwort

Zwischen der Herrschaft der Römer und der Herrschaft der Franken gähnt eine von Historikern nur mühsam aufgefüllte Lücke. Es ist anzunehmen, daß damals in Europa Menschen gelebt haben. Sie haben Ackerbau und Viehzucht betrieben - aber sie haben keine Aufzeichnungen hinterlassen, die Hinweise auf Herrschaftsstrukturen oder andere Organisationsformen des öffentlichen Lebens geben könnten. Vermutlich ist nach der Christianisierung im frühen Mittelalter dafür gesorgt worden, nicht alle Berichte aus diesen zweihundert Jahren aufzuzeichnen.

Somit gibt es keine Quellen, aus denen zu erfahren wäre, woher der hl. Pieslwang gekommen und wohin er verschwunden ist. Möglicherweise hat er Pete Salwin geheißen und ist von den britischen Inseln in die Gegend der heutigen Gemeinde Steinbach an der Steyr gewandert. Die Berichte aus dem Leben des im Volksmund als hl.n bezeichneten Mannes, der von der Römischen Amtskirche natürlich nie heilig gesprochen worden ist, sind irgendwann zwischen dem achten und neunten Jahrhundert entstanden. Sie werden seither mündlich weitergegeben.

In Jahren, da während der Rauhnächte kein Schnee liegt, versammeln sich wenige Eingeweihte und solche, die dazu gemacht werden sollen, in der letzten Rauhnacht unter den Eichen der Fünfwegekreuzung. Von Sonnenuntergang bis Sonnenaufgang werden die Legenden erzählt und anschließend im Chor nachgesprochen. Die milden Winter der letzten Jahre haben zu einer Verbreitung der Berichte geführt, die Zahl der Eingeweihten ist von fünf auf achtzehn gestiegen.

Aus geheimgehaltenen Gründen haben die Eingeweihten in der letzten Rauhnacht 1991 beschlossen, die Berichte zu veröffentlichen. Die vorliegende, für heutige Menschen aktualisierte Fassung der ewig gültigen Legenden ist einstimmig als für jedermann geeignet bezeichnet worden.

Möglicherweise handelt es sich um eine Fassung, die mit den mündlich weitergegebenen Berichten nicht völlig übereinstimmt.

Pieslwang, im Herbst 1993

Das erste Kapitel, worin der hl. Pieslwang erzählt, wie er ins heutige Pieslwang gekommen ist.

Ich verlasse meine Heimat. Bald kann ich nicht mehr sagen, warum ich sie verlassen habe. Ich vergesse meine Herkunft und den Weg, den ich gegangen bin, ich spreche von Wanderjahren, ohne über die Anzahl der Jahre oder über meine Erlebnisse während dieser Zeit zu berichten. Irgendetwas in mir hat gehen wollen.

Ein Hiesiger behauptet später, er habe mich zwei Jahre vor meinem Eintreffen als Bewohner einer Ansiedlung jenseits des südlichen Gebirgskammes gesehen. Dem halte ich entgegen, daß sich im Gehen meine Sprache veränderte. Überall, wo ich auf Menschen traf, konnte ich sie bald verstehen, und sie verstanden mich, wenn ich länger als drei Tage bei ihnen wohnte.

In jenem Spätherbst, da ich zwanzig Jahre alt geworden bin, wandere ich von Westen kommend ein Tal aufwärts. Die Luft ist mild, und ich nächtige auf den Ästen großer Bäume, um vor wilden Tieren geschützt zu sein. Ich habe nach Süden gehen wollen, bei einem See hat mir ein mächtiges Gebirge den Weiterweg versperrt. So habe ich das nächste Tal südwärts zu gehen versucht, weil ich von Straßen gehört habe, die über die Berge führen. Als sich das Tal wieder senkt, glaube ich, den beschriebenen Übergang gefunden zu haben. Am Abend weiß ich, daß meine Vermutung falsch gewesen ist. Ich erreiche einen breiten, reißenden Gebirgsbach, der gegen Norden strömt. Lange suche ich nach einer Straße, dabei finde ich eine Stelle, wo sich der kleine Fluß verzweigt. Es gelingt mir, das andere Ufer trockenen Fußes zu erreichen.

Am Morgen steige ich von einer Eiche und gehe flußabwärts. Im hügeligen Land will ich mich nach Osten wenden und im nächsten Flußtal nach dem Gebirgsübergang suchen. Rasch eile ich durch den Wald. Fünf Tage lang habe ich keinen Menschen gesehen, meine Vorräte gehen zu Ende. Natürlich könnte ich mich hier ernähren, doch das Beerensammeln, Wurzelgraben und Jagen würde mich zu lange aufhalten. Ich will rasch in den Süden kommen, dort liegt nach Erzählungen ein Land, wo der Winter nie zu einer Unterbrechung des Gehens zwingt. Die Zeit drängt, schon stehen die Sonne tief und der Mond hoch am Himmel. Ich folge den Pfaden der Hirsche, klettere über gefallene Bäume und komme gut voran. Auf dem kargen Boden wächst das Gebüsch nicht zu dicht.

Als sich das Tal zu einem Becken weitet, halte ich mich an den Rand der Schlucht, die der Fluß hier gegraben hat. Ich quere einen Bach und finde am jenseitigen Ufer einen schmalen, selten begangenen Pfad, der in das Seitental führt. Ich komme noch schneller weiter, außerdem zeigt der Pfad, daß nicht weit von hier Menschen leben. Bei ihnen werde ich über Nacht bleiben und Essensvorräte eintauschen. Immer öfter bleibe ich stehen und suche den freien Himmel nach Rauchschwaden ab. Der Pfad verliert sich im Gebüsch, und ich weiß, daß ich die Siedlung übersehen habe.

Nach einer kurzen Mittagsrast treibt es mich in den steilen Hang hinein, bald werde ich ungeduldig, weil ich immer öfter Felsabbrüche umgehen muß. Vergebens suche ich nach einer Furt zum gegenüberliegenden, flacheren Ufer. Die Dämmerung bricht an, als auch auf meiner Seite des Flusses das Weiterkommen leichter wird. Heftiger

Wind aus dem Westen schüttelt die Bäume, braune Blätter, Eicheln, Bucheckern und Aststücke fallen zu Boden und manches trifft mich auf Schultern und Kopf. Ich kämpfe gegen Müdigkeit und Kälte an, indem ich den in der Steppe gelernten Laufschritt versuche, doch zuviele gefallene Baumriesen und die schlechte Sicht behindern mich. Ich erkenne im Halbdunkel eine Höhle am Flußufer, der Geruch von Bären läßt mich zurückweichen und den Hang hinauf einen Umweg machen. Ein Seitental des Flusses zwingt mich zum Abstieg, nach dem Überwinden von drei weiteren kleinen Gräben erreiche ich ein flaches Stück Land, das locker mit Bäumen bewachsen ist. Der Wind reißt die Wolken auf, und das milde Licht des aufgehenden Mondes gibt mir die Möglichkeit, in die Nacht hineinzuwandern. Noch nie habe ich solche Rastlosigkeit gespürt, die kalte Luft kündigt Schnee an.

Mit einem Schlag wird es stockdunkel, Regen stürzt vom Himmel. Nach wenigen Minuten tropft das Wasser durch die licht gewordenen Kronen der Bäume. Ein Blitz erhellt die Nacht, und ich sehe vor mir einen schmalen Tierpfad, der zum Hang hinüberführt. Wieder im Dunkel taste ich mich zwischen den Bäumen durch. Ich hoffe, eine der hier zahlreich wachsenden, dichten Eiben zu finden, an deren Stamm gekauert will ich die Nacht überstehen. Es geht steil hinunter, vorsichtig steige ich weiter, klammere mich an Äste und Gebüsch. Der nächste Blitz fährt kaum einen Meter neben mir in den Stamm einer Eiche. Ich spüre einen Schlag, taumle, stolpere und verliere die Besinnung. Mein Körper rutscht den beinahe senkrecht fallenden Hang hinunter, ein Busch kann mich nicht halten, und ich stürze in einen Haufen aus zusammengewehten Blättern.

Irgendwann erwache ich, schleppe mich weiter, spüre trockene Kiesel, krieche in meinen Tragsack aus Bärenfell und falle in tiefen Schlaf.

Hunger läßt mich in den Tag erwachen, ich finde mich im Eingang einer tiefen Höhle. Noch liegend greife ich nach den in ein grobes Tuch eingeschlagenen Vorratsresten, kaue hartes Fladenbrot und getrocknetes Fleisch. Bald erwachen meine Glieder, vor allem das linke Bein schmerzt. Ich betaste das angeschwollene Knie, das sich nur unter Schmerzen abbiegen läßt. Auf dem Kopf spüre ich eine kleine, verkrustete Wunde. Es ist sehr hell. Ich sehe den Schnee und beobachte die Nebelschwaden, die meine Atemluft in den Wald bläst. Jetzt erst kann ich mich an den Schlag erinnern, mehr fällt mir zum vergangenen Abend nicht ein. Nur langsam kommen Bilder: ein Himmel ohne Rauchschwaden, die Bärenhöhle am Fluß, die Nacht auf der Eiche. Durstig geworden stehe ich auf, humple vor die Höhle und forme eine große Kugel aus Schnee. Wieder im Fellsack sitzend esse ich weiter und beiße kleine Stücke vom gefrorenen Wasserball. Ich höre, wie lauer Wind aus dem Süden aufkommt. Bucheckern fallen in den Schnee, ich sammle zwei handvoll der Buchenfrüchte und setze mich wieder in den Bärenfellsack. Morgen schon könnte die dünne Schneedecke geschmolzen sein. Ich frage mich, warum ich jetzt hier sitze. Ich weiß nicht mehr, was mich durch die Welt getrieben hat.

Bis in den Nachmittag beobachte ich Rehe und Hasen, die weiter unten am Hang zum Fluß gehen, ich höre wässrige Schneepatzen von den Ästen fallen, ein Fasan schreit, Wildschweine wühlen nach Eicheln. Eine Katze kommt zu mir in die Höhle, ich gebe ihr ein Stück Trokkenfleisch und sehe ihr beim Fressen zu. Nicht einen Schritt will ich tun, nicht einen Gedanken an ein fernes Südland will ich verlieren. Erst in der Dämmerung erhebe ich mich, trete in den nassen Schnee und gehe den Hang hinunter zum Fluß. Jetzt reißen die Wolken auf, und ein Sonnenstrahl trifft das Wasser. Fische und Krebse bewegen sich da, Enten schnattern, Fischreiher kreisen über dem Wald. Im eiskalten Wasser wasche ich Gesicht und Hände. Ich weiß, daß ich hier bleiben werde. Noch vor Einbruch der Dunkelheit schlafe ich tief, als gälte es, die Müdigkeit der langen Fußmärsche wegzuruhen. Am nächsten Tag bemühe ich mich, ein Feuer zu entfachen. Stundenlang reibe ich den Zunderschwamm, endlich kriecht ein Glutfünkchen über ein trockenes Buchenblatt. In viel kürzerer Zeit habe ich einen Hasen erlegt und ihm das Fell über die Ohren gezogen. Ich koche ihn mit Hagebutten im kleinen Kupferkessel. Die Katze kommt wieder zu Besuch. Wir sitzen am Feuer und sehen dem Fleisch beim Garen zu. Wir beobachten, wie die geschlossene Schneedecke im Wald löcherig wird und braune Blätter zutage kommen.

 Sechs Tage lang ruhe ich, am siebenten Tag aber beginne ich, die Höhle für den Winter vorzubereiten. Ich schließe den Eingang mit Steinen und Ästen, bis nur mehr ein schmaler Durchlaß freibleibt. Ich sammle Holz, lege Vorräte von getrocknetem Rehfleisch, Bucheckern, Nüssen und süßen Wurzeln an. Beim Ausgraben der Wurzeln finde ich hellen Lehm. Ich baue einen Ofen und brenne darin tönerne Gefäße für Vorräte und Wasser. Bald sind zwei Monate vergangen, die Sonne hat ihren tiefsten Punkt erreicht und noch immer ist es mild. Zum ersten Mal seit meiner Ankunft streife ich absichtslos durch den Wald.

Zum ersten Mal besehe ich den Platz, wo mich der Schlag getroffen hat. Die Eiche ist in zwei Hälften gespalten, halb steht sie aufrecht, halb liegt sie im Hang. Ich stelle mich dorthin, wo ich nach meiner spärlichen Erinnerung an jene Nacht gestanden sein muß, und erkenne, daß mich nicht ein Ast des auseinanderbrechenden Baumes getroffen hat. Es ist die Macht des Blitzes gewesen, die mich zu Boden geworfen hat. Der Himmel hat meiner Wanderung ein Ende gemacht.

Da bin ich mit einem Schlag froh wie nie zuvor. Ich lache laut in den Wald und schreie, daß die Tiere davonrennen. Ich klettere auf einen mächtigen Baum und rufe meine Freude über die Wipfel. Der Himmel hat mir einen Platz zugewiesen, hier werde ich bleiben. An so einem Platz muß ein Leben gelingen.

*

Das zweite Kapitel, worin der hl. Pieslwang erzählt, wie er seine Nachbarn entdeckt.

Stürme sind übers Land gefahren, mancher Baum ist gefallen. Einmal ist Schnee vom Himmel gekommen, der Regen hat ihn bereits am nächsten Tag aufgelöst. Ich bin vor meinem Steinofen gesessen und habe in die Flammen geschaut. Ich habe zwei Wochen lang keinen Bissen gegessen, bin Teil von Himmel und Erde gewesen, ohne Frage, ohne Antwort, ewig wie das All. Als das Feuer erlischt, spüre ich die Kälte nicht. Die Katze holt mich in die Höhle zurück, ihre Unruhe läßt mich unruhig werden. Lange blicke ich in den Wald, bis ich bemerke, daß sich der Wind gelegt hat. Die Äste knarren nicht, der volle Mond leuchtet hell. Ich binde die Schuhe aus dem getrockneten Fell einer Wildsau um die Füße, fülle den Ofen mit Holz, verschließe das Ofenloch mit dem passenden Stein und gehe in die Nacht.

Bald habe ich den flachen Wald hinter mir gelassen, langsamer steige ich den Hang hinauf. Überall ist Getier unterwegs, ich höre Eulen und den Todesschrei eines kleinen Nagers. Das letzte Stück des Weges zur Kuppe klettere ich über die Stämme des windgefällten Waldes. Mein Blick geht weit übers Land. Im Norden erkenne ich die Ebene, die der große Fluß durchquert. Östlich sehe ich Hügel, die so hoch sind wie der, auf dem ich jetzt stehe, dazwischen liegt ein tiefes Tal. Westlich zieht die Ebene bis zu den Bergen, die sich im Süden gegen den Himmel strecken. Von ihnen kommt lauer Wind herüber. Trotzdem wird mir kalt, und ich beschließe, einen windgeschützten Platz zu suchen. Wieder klettere ich über Baumstämme, bis ich zu meiner Überraschung am Südhang des Hügels offenes Land erreiche. Ein Wall aus Steinen und dornigen Ranken trennt mich von der Weide. Menschen haben hier gerodet, zweifellos wohnen sie nicht weit in Hütten oder Erdhöhlen.

Mit Mühe überwinde ich die Umzäunung, dann setze ich mich in eine Mulde. Der Verstand hält mich davon ab, jetzt schon nach den Nachbarn zu suchen, mein Erscheinen in der Nacht würde sie erschrecken. Gleichzeitig aber will ich sie am liebsten sofort sehen, mit ihnen reden und Salz eintauschen, da mein Vorrat vor einigen Tagen zuende gegangen ist. Zum ersten Mal seit langer Zeit freue ich mich auf eine Begegnung. Ich habe die Menschen nie vermißt, jetzt, da ich sie nahe weiß, sehne ich mich nach ihnen. Ich glaube, ferne Stimmen zu hören, springe auf und lausche angestrengt in die Stille. Dann wieder rieche ich Feuer, höre einen Hund bellen, als ich aufstehe, ist beides verschwunden. Im Tal östlich des Hügels erkenne ich eine Feuerstelle, hinter mir knacken Äste, als gehe dort ein Mensch. Jede Überprüfung läßt die Zeichen verschwinden. Endlich kommt die Morgendämmerung und ich kann mit der Suche beginnen.

Weiter unten im Hang erreiche ich ein hölzernes Tor im Steinwall, ein häufig begangener Pfad führt in den Wald hinunter. Bald rieche ich Rauch, ich höre Hundegebell und das Blöken von Schafen. Ich laufe los, stolpere vor freudiger Hast, dann stehe ich wieder vor einem hölzernen Tor. Dahinter sehe ich die Tiere und gut zwanzig Erdhütten. Die mit Gras bewachsenen Kuppeln erheben sich nur wenig über den Boden. Hunde laufen mir entgegen, bellen laut und machen die Bewohner der Siedlung auf mich aufmerksam. Männer, Frauen und Kinder kommen aus den Hütten.

Ein kleines Mädchen tritt näher, nimmt mich an der Hand und redet in einer fremden Sprache auf mich ein. Als sie bemerkt, daß ich sie nicht verstehe, ruft sie etwas zu den Erwachsenen. Sie umringen mich, mustern meine Gestalt, stellen Fragen, ich zucke mit den Achseln und versuche mich durch Zeichen und Bewegungen mitzuteilen. Eine ältere Frau scheint mich zu verstehen, sie übersetzt die Zeichensprache für die anderen. Schließlich deutet ein Mann zu einer der Hütten und fordert mich auf, mitzukommen. Gut zwanzig Leute versammeln sich im großen, nicht unterteilten Raum, sie reden durcheinander, bringen hartes Fladenbrot und vergorenen Saft von Äpfeln und Birnen. Es dauert lange, bis sie verstanden haben, wo ich jetzt hause. Ich erfahre, daß einen halben Tag weit zwischen den Flüssen eine größere Siedlung liegt, von dort kommen oft Menschen mit Tragsäcken herauf und tauschen Fische, Salz und andere Dinge, mit denen den Fluß entlang gehandelt wird, gegen Schaffleisch und Häute von Wild. Sie wollen wissen, was ich zum Tauschen mitgebracht habe, und betrachten mißtrauisch die goldene Münze. Ein alter Mann scheint so etwas zu kennen, denn er beißt hinein und zeigt die Delle, die sein einziger Zahn gegraben hat. Sie hätten lieber etwas anderes für das Salz, schließlich nehmen sie doch die Münze.

Alle verlassen die Hütte wieder und gehen ihren Beschäftigungen nach. Eine Weile sehe ich ihnen zu, ich überlege, ob ich helfen soll, dann rufe ich einen Gruß zum Abschied. Kinder begleiten mich bis zum Tor in der Umzäunung, ich steige alleine den Pfad durch den Wald hinauf.

Zwei Wochen später besuche ich neuerlich meine Nachbarn. Diesmal habe ich die Haut eines Rehs mit, um sie gegen Mehl zu tauschen. Nach einer kleinen Mahlzeit bieten die Bewohner der Siedlung Werkzeuge, Kleidungsstücke, Waffen und Nahrungsmittel an. Ich versuche ihnen klarzumachen, daß ich nur ein wenig Mehl brauche, und lege mein Rehfell auf den Boden, sie aber wollen eine Münze. Erst nach langen Verhandlungen bekomme ich für die Tierhaut ein kleines Säckchen voll Buchweizenmehl. Als ich die Siedlung verlasse, verstehe ich ihre Worte. Ich höre, daß ein Händler all seine Waren gegen die eine Münze getauscht hat.

Drei Tage später bricht mein Dolch und ich mache mich wieder auf den Weg. In der Siedlung treffe ich nur zwei Frauen und einen Mann, die bei meinem Erscheinen in ihre Hütten flüchten. Ich stelle mich in die Mitte des Platzes und begrüße die Versteckten in ihrer Sprache. Ein Junge kommt näher, von ihm erfahre ich, daß am Abend des Tages, da ich Mehl eingetauscht habe, viele von einem unbekannten Fieber befallen worden sind. Heute sind fast alle krank und haben Angst vor dem Fremden, der sich betrogen gefühlt und sich gerächt hat.

Ich glaube die Krankheit und ein Gegenmittel zu kennen, im Spätsommer habe ich in der Siedlung am Fluß das Fieber kennengelernt. Eine Handvoll Wurzeln, die ich am Bach gegraben habe, lege ich in den Versammlungsraum. Ich erkläre dem Jungen, daß man drei Tage lang ein kleines Stück davon kauen muß. Da noch immer kein Erwachsener zu mir kommen will, sage ich ihm zum Abschied, daß ich dringend einen neuen Dolch brauche und ihn gegen eine Münze eintauschen will.

In der vierten Nacht nach diesem Ereignis werde ich von Geräuschen geweckt. Ich schrecke hoch und finde vor meiner Höhle im Mondlicht versammelte Menschen. Die Dorfälteste kommt auf mich zu und legt ein Päckchen aus Leder vor meine Füße. Damit, sagt sie, bedanke man sich für die Befreiung von der Zauberkrankheit. Man bitte mich, in Zukunft nicht mehr in die Siedlung zu kommen. Sollte ich etwas benötigen, möge ich an das obere Tor einen frischgebrochenen Weidenzweig stecken, man werde mir dann einen Boten schicken. Verwirrt sehe ich zu, wie sich meine Nachbarn beim letzten Wort der Ältesten zum Gehen wenden und im Wald verschwinden.

Während ich überlege, wie ich das Mißverständnis aufklären kann, öffne ich das Leder. Ich finde darin einen kräftigen Dolch und einen Beutel voll Salz.

Ich bleibe vor meinem Steinofen sitzen und schaue in die Flammen. Tagelang esse ich keinen Bissen, ich bin Teil von Himmel und Erde, ohne Frage, ohne Antwort, ewig wie das All. Draußen fällt Schnee wie seit Jahren nicht mehr, mannshoch liegt er auf dem Land. Kurz darauf kommt warmer Regen und die Flüsse treten über die Ufer.

*

Das dritte Kapitel, worin der hl. Pieslwang erzählt, wie er im Flusse badet.

An einem heißen Sommertag gehe ich durch den lichten Wald des flachen Landes. Bald erreiche ich eine fast senkrechte Felswand, unten rauscht ein Bach. Ich schlage mich der Kante entlang, laufe einen kurzen Hang hinunter und erreiche ebenen Auwald. Unter einer Weide ins Freie tretend, erkenne ich, daß der Bach eine Halbinsel aus grobem Schotter in das hier breite Flußbett geschwemmt hatIch lege Tragsack und Kleider ab und steige langsam ins kalte Wasser. Einige Male wate ich stromaufwärts und lasse mich wieder zur Schotterbank treiben. Dann strecke ich mich auf dem weichen Bärenfell aus, rasch wärmt die Sonne meinen Körper. Ich beobachte in der sanften Strömung stehende Fische. Bald sehe ich nur mehr die kleinen Flecken aus glänzendem Licht, wenn die Wellen Sonnenstrahlen in mein Gesicht werfen. Meine Augen wenden sich vom unruhigen Blenden zu den hellen, runden Kieseln der Schotterbank.

Später erzähle ich: »So lag ich auf meinem weichen Fell und spürte nichts als Sonne, hörte nichts als Wasser, roch nichts als das sumpfige Ufer. Aus meinen Wanderjahren war mir kein Bild in Erinnerung geblieben, zu schnell war alles an mir vorbeigezogen. Ich hatte lernen wollen und habe nichts gelernt. Ich hatte Neues sehen wollen und habe alles Neue vergessen. Das halbe Jahr in der Höhle hat mich mehr gelehrt als die langen Wanderjahre, es hat mir mehr Neues gezeigt, als ich je zu sehen gehofft hatte. In der Ruhe ist mein Blick schärfer geworden. Durch die mich nie weiter als eine Stunde von der Höhle entfernenden Erkundigungen sah ich das Neue im Alten, das Neue im Kleinen, das Neue in der Nähe. Ein Baum in Winterkälte, in aufsteigendem Saft, voll Blattknospen und in Blüte betrachtet, läßt das Herz weit werden. Ein Reh, von der Schlafmulde zur Tränke, zur Weide und zur Mittagsruhe begleitet, zeigt, was ein Tag bedeutet. Nur die Einsamkeit gab mir Raum, das alles zu erleben.«

Ich bin zufrieden. Wie ein Tier habe ich die Tage durchlebt, wie ein Tier habe ich mich und meine Umgebung kennengelernt. Mein Tritt ist sicherer als je zuvor, meine Bewegungen sind geschmeidig, Hasen und Fische erwische ich mit bloßer Hand. Ich habe gelernt, wie Wasser riecht und wie sich ein Weg in der Nacht anhört. Ich finde Nahrung, ohne sie zu suchen. Jetzt läßt mich die Hitze aufstehen und wieder ins Wasser steigen. Diesmal quere ich den Fluß und betrete zum ersten Mal das gegenüberliegende Ufer. Ein Hirschrudel schreckt auf und läuft gegen Norden davon. Ich folge den Tieren bis zu einer Felswand, in der ich eine Höhle entdecke. Als sich meine Augen an das Dämmerlicht gewöhnt haben, sehe ich den an die

Hinterwand geschlichteten Steinhaufen. Vorsichtig trage ich ihn ab, darunter liegt ein kurzes Schwert, dann erscheint die unter weiteren Steinen liegende, vertrocknete Leiche, sie trägt einen gepanzerten Harnisch und einen Lederhelm. Ich packe das Schwert und laufe zum Flußufer.

In der Sonne liegend betrachte ich den Fund aus alter Zeit. Damals, so habe ich erzählen gehört, sind Krieger aus dem Süden gekommen. Das Schwert liegt gut in der Hand, die Klinge hat nur wenige grünliche Flecken. Ich versuche, es wie ein Wurfmesser zu verwenden, stehe auf und werfe es gegen den Stamm einer Weide, wo es mit der Breitseite aufschlägt. Da es nicht recht zu gebrauchen ist, will ich es in den nächsten Tagen gegen ein neues Lederwams eintauschen.

»Mein Fund brachte mir die Menschen deutlich in Erinnerung. Ich wußte nur mehr, daß ich vor Jahren in einer Siedlung gelebt hatte, konnte mich aber nicht erinnern, was dort zu leben bedeutet hatte. In meiner Höhle gab es nur mich, niemand mußte sich mir beugen, wie auch ich mich niemandem beugen mußte. Mir ging nichts ab, wie auch ich niemandem abging. Auf mir lastete kein Verlangen, wie auch ich nach niemandem verlangte. Ich konnte mir keinen Grund vorstellen, der mich dazu gezwungen hätte, mich einer fremden Sippe anzuschließen. Ich war mit mir im Glück.«

Zum dritten Mal steige ich in den kleinen Fluß und wate stromaufwärts. Ich gehe lange, sehe eine Biberburg, einen Fischreiher, der einen Fisch verzehrt, Wildschweine am Ufer und meinen unterhalb der Höhle gelegenen Waschplatz. Erst als der kleine Fluß eng und reißend wird und mich so heftig umspült, daß ich das Gleichgewicht verliere, lasse ich mich auf dem Rücken liegend vom Wasser treiben. Im blauen Himmel erscheinen sieben schwarze Gestalten, drohend schwingen sie Schwerter und Prügel. Ich blinzle mit den Augen, schlage mit den Händen ins Wasser, daß es mir ins Gesicht spritzt, dann sind die Schwarzen verschwunden.

Bei der Sandbank angekommen weiß ich, warum mir der Himmel die Warnung gezeigt hat. Ich nehme das Schwert aus dem Steingrab, laufe damit zurück zur Höhle und werfe es mit aller Kraft gegen die Hinterwand. Krachend schlägt es gegen den Fels, fällt auf die Steine, dann ist es still. Ich eile zurück zum kleinen Fluß. Auf meinem Bärenfell sitzend vergesse ich meine Angst vor dem Trugbild. Ich esse ein wenig von den mitgenommenen Beeren und trinke aus dem Fluß, dann strecke ich mich aus. Die Sonne steht tief, als mir der Kopf schwer wird.

Sieben Männer aus der Siedlung zwischen den Flüssen finden mich im Dämmerlicht. Sie binden mir die Hände auf den Rücken. Ich wehre mich im Erwachen, sie ziehen mir den Bärenfellsack über den Kopf und schnüren ihn fest um Oberkörper und Beine. Vier der Männer nehmen mich auf die Schultern, dann gehen sie langsam flußabwärts. Ich halte ruhig, um nicht zu Boden zu stürzen, auf meine Fragen bekomme ich keine Antwort. Als es dunkel wird, legen sie mich ab und entfachen ein Feuer. Da ich verspreche, nicht zu fliehen, darf ich meine Kleider anziehen, ehe sie mich wieder fesseln. Schweigend essen die Männer, mir geben sie jedoch nichts. Sechs legen sich nach der Mahlzeit zum Schlaf.

Vom Wachenden erfahre ich, daß sie mich in die Siedlung zwischen den Flüssen tragen wollen. Dort erwartet mich der Tod, weil ich Winterstürme und Hochwasser gebracht habe, wodurch alles Hab und Gut der Dorfbewohner vernichtet worden ist. Kein Zauber wird mir helfen können, denn auch im Dorf wohnt ein mächtiger Zauberer. Ich will wissen, warum man mir die Schuld für das Unglück gibt, und höre, daß ich bereits im Winter über eine Sippe Krankheit gebracht habe, nur durch wertvolle Geschenke hätten sie sich freikaufen können. Der Wächter glaubt zu wissen, daß es mir bloß darum geht, mit Hilfe von einfachen Zauberkunststücken die Menschen einzuschüchtern und auf deren Kosten in Saus und Braus zu leben. Fremde wären hier seit jeher willkommen, mit solchen Schmarotzer, wie ich einer sei, würde man aber kurzen Prozeß machen. Ich versuche, die Gerüchte über mich zu widerlegen, da tritt mir der Wächter in die Rippen und befiehlt mir, ruhig zu sein. Jedes Wort sei eine Lüge, so etwas wolle er gar nicht hören.

Als das Feuer heruntergebrannt ist, legt der Wächter nach und weckt einen anderen Mann. Der zuckt zusammen, als ich ihn anspreche, dann befiehlt er mir zu schweigen. Sollte er auch nur die kleinste Bewegung wahrnehmen, oder den geringsten Versuch, durch Zauberworte zu entkommen, werde er zustechen. Ich sehe, daß der Mann Angst hat. Da fällt mir eine Melodie aus alter Zeit ein, vielleicht hat mich vor Jahren meine Mutter so in den Schlaf gesungen. Ich beginne sie so leise zu summen, daß sie der Wächter neben dem Knacken des Holzes nicht hören kann. Der Mann beruhigt sich rasch, wird schläfrig, gähnt mehrmals und nickt im Sitzen ein.

Ich nütze seinen Schlaf und entdecke, daß sie mich schlecht gefesselt haben. Es gelingt mir, den starken Strick mit den Fingern zu fassen und langsam den Knoten an den Handgelenken zu lösen. Ich habe gerade die Hände frei, da schreckt mein Bewacher hoch. Ruhig sitzend summe ich wieder das Schlaflied, als es zu wirken beginnt, löse ich die Fesseln von den Beinen, erhebe mich langsam, sammle die Waffen der Männer in den Tragsack und schleiche flußaufwärts davon. Ein paar dürre, auf dem Boden liegende Äste knacken so laut, daß die Männer erwachen. Fluchend suchen sie nach den Waffen, dann packen sie glühende Prügel aus der Feuerstelle und eilen mir nach. Ohne lange nachzudenken, leere ich den Fellsack aus, schneide ein Loch hinein, ziehe ihn über den Kopf und gehe den Verfolgern wie ein Bär brüllend entgegen. Die Männer erstarren, wenden und fliehen flußabwärts. Ich verfolge sie lange, kehre zur Feuerstelle zurück und bleibe bis zum Morgengrauen. Die Häscher haben Pelze, Essensvorräte, Lederriemen, Stricke und Waffen, darunter einen neuen Dolch und einen hervorragenden Bogen aus Eschenholz zurückgelassen.

*

Das vierte Kapitel, worin der hl. Pieslwang erzählt, wie er einen Platz zugewiesen bekommt.

Ich stecke einen Weidenzweig an das Tor, wenig später kommt ein Bote zu meiner Höhle. Er bittet mich, am folgenden Tag an der südlichen Quelle des um das flache Land fließenden Baches zu erscheinen. Ich sage zu und frage nach einem Sack voll Mehl, wofür ich einen der erbeuteten Dolche tauschen will. Der Bote betrachtet den Dolch, und wir einigen uns über die Größe des Mehlsackes.

Es verspricht ein heißer Tag zu werden, als ich in der Morgendämmerung durch den lichten Wald des flachen Landes eile. Kein Tau ist gefallen, einige Bäume werfen durch die lange Dürre gelb gewordene Blätter ab. In einer kleinen, sonst sumpfigen Mulde liegt getrockneter, rissiger Schlamm, die Wildschweine benutzen die Senke nicht mehr als Kuhle. Wenn ich an Büsche streife, rascheln die Blätter, unter meinen Füßen knacken trockene Holzstücke. Nahe der südlichen Quelle finde ich einen Kirschbaum, wo ich so lange von den kleinen, süßen Früchten esse, bis ich Menschenschritte zu hören glaube.

Bald sehe ich zwei Gestalten, ich kann einen Mann und eine Frau unterscheiden. Beide tragen eine Kette aus Muscheln um den Hals, ich frage mich, warum ich weiß, daß das Muscheln sind. Schon begrüßen sie mich, ich gehe ihnen entgegen, werde von ihnen in die Mitte genommen, auf den kleinen Sattel und weiter zum Hügel im flachen Land geführt. Sie sprechen kein Wort und begleiten mich, als ginge ich nicht zwischen ihnen. Ich betrachte sie immer wieder von der Seite, wegen ihrer Ähnlichkeit in Aussehen und Gang halte ich sie für Geschwister.

Am Rande des kleinen, grasbewachsenen Fleckens auf dem Hügel sitzt die Dorfälteste. Sie erhebt sich nicht zum Gruß, befiehlt ihnen, sich zurückzuziehen und deutet vor sich auf den Boden. Ich setze mich und sehe, daß auch sie eine Muschelkette trägt. Die Frau betrachtet mich lange, ich tue desgleichen und sehe ein faltiges, sonnengebräuntes Gesicht, einen harten Mund und helle Augen. Dann spricht sie langsam und bestimmt, als sei jedes ihrer Worte eine Tatsache.

»Du bist ein Zauberer, weil du deine Angst überwinden kannst. Daher hast du die Männer vertrieben, und ich sage dir, daß es die sieben mutigsten Männer aus der Siedlung zwischen den Flüssen gewesen sind. Sie erzählen heute, daß du dich in einen Bären verwandelt habest, größer als all die Bären, die sie bisher zu Gesicht bekommen hätten, mit vier Armen, vier Beinen und einem Maul, in dem ein ganzer Mensch Platz gefunden hätte. Nur der Umstand, daß du im dichten Wald wegen deiner Körpergröße nicht so schnell wie sie laufen konntest, habe sie gerettet. Ich weiß, daß sie Wahres erzählen: Dein Mut hat dich zum Bären gemacht. Nimm dich trotzdem in Acht! Seit deinem Sieg fürchtet ihr Ältester, du könntest in seine Siedlung kommen. Er ist ein schlechter Ältester, zu früh hat man ihn mit der Aufgabe betraut. Es ist schwierig, dort zwischen den Flüssen die Menschen zu leiten. Zuviele wohnen beisammen, Händler aus fernen Ländern ziehen durch und bringen fremde Sitten. Sie bilden sich ein, mehr zu können und mehr zu wissen, sie lächeln über alle, die in den Wäldern wohnen. Mancher von uns glaubt den Berichten und versucht sein Glück in den großen Siedlungen, wenige nur kehren krank zurück.

Du hast einen schwierigen Weg gewählt. Es ist nicht gut, wenn einer alleine lebt. Wie leicht kann es geschehen, daß er sich für größer hält, als er ist. Dir fehlen die anderen für einen Vergleich, dir fehlt ein Lehrer und Berater. Ich sehe aber, daß du diesen Weg gehen mußt. Wenn du ihn zuende gehst, wirst du weiser sein als viele Älteste. Manch einer aus meiner Sippe glaubt, es dir gleich tun zu können. Sie wissen nicht, was es heißt, alleine in einer Höhle zu leben. Sie sind jung wie du und mancher hat das Zeug zum

Ältesten. Die Jungen sind ungeduldig und glauben, genug gelernt zu haben, auch wenn sie wie du erst am Anfang des Weges stehen. Doch wer im Jagen Meister ist, hat nur das Jagen meisterlich erlernt. Stecke also in Zukunft keinen Weidenzweig ans Tor. Jeder Zweig erinnert sie an dich. Von nun an wirst du hier drei Steine übereinanderlegen, wenn du etwas tauschen willst.

Das Land gehört allein der Großen Mutter, dennoch haben sich Grenzen gebildet. Im Norden streifen die Bewohner der großen Siedlung bis zum dunklen Hügel. Unsere Jäger gehen nach Süden bis zu den ersten Bergen, wo sie auf Jäger treffen, die aus dem Becken stammen, das du am letzten Tag deiner Wanderung durchquert hast. Du wirst dich fortan auf das flache Land und den Hang des kleinen Flusses beschränken. Eines Tages wirst du verstehen, warum ich dies entscheide: Den Bach, an dessen Quelle du gewartet hast, wirst du nicht überschreiten, wie auch meine Leute ihn nicht überschreiten werden. Du hast dich mit deiner Lebensweise von deiner Sippe und ihren Regeln getrennt, damit hast du dich von allen Menschen getrennt. In einem Land können nicht zwei Gesetze gelten.

Mehl und Salz nimm als Geschenk von mir. Du kannst jetzt gehen.«

Ich stehe auf, nehme den großen und den kleinen Lederbeutel, die neben der Ältesten der Nachbarn liegen, neige den Kopf zum Gruß und gehe in den Wald. Ich sehe weder Bäume noch Tiere. Lange Zeit habe ich mich im Betrachten geübt, ich habe mich und die Welt erlebt, nie aber über mich und die Welt gegrübelt. Jetzt ist mein Kopf voller Worte, jedes will bedacht werden. Die Gedanken überstürzen sich, ich höre den Satz »Nimm dich in

Acht!«, von ihrer Stimme gesprochen, gleich darauf sehe ich ihre Begleiter mit den Muschelketten, das Bild geht in den Worten »Du hat einen schwierigen Weg gewählt!« unter.

Das Zischen einer Schlange, die vor mir auf dem schmalen Tierpfad liegt, öffnet mir die Augen für die Welt. Ich weiche ihr aus und beginne zu laufen. Auf die Bewegung konzentriert bin ich wieder wie ein Tier. In der Höhle angekommen hänge ich die Säcke auf, dann eile ich am Ufer des kleinen Flusses entlang zur Schotterbank. Ich springe ins Wasser und kühle meinen Kopf, später liege ich im Halbschatten auf den Steinen, werfe Kiesel ins Wasser und beobachte, wie ihr Auftreffen Wellenringe entstehen läßt. An den langen Abenden des Herbstes werde ich jedes Wort der Ältesten bedenken.

*

Das fünfte Kapitel, worin der hl. Pieslwang erzählt, wie er die Nacht entdeckt.

Die Sonne brennt seit drei Monden. Der kleine Fluß ist zu einem Bach geworden, von weit her kommt das Wild, um zu trinken. Von vielen Bäumen des flachen Landes fällt das Laub, die Beeren hängen vertrocknet an den Büschen. Selbst in den Nächten kühlt die Luft kaum ab. Ich lebe bald auf der Schotterbank, dort brate ich Fleisch in offenem Feuer, dort liege ich tagsüber, oft schlafe ich, bis mich die Hitze weckt und ins Wasser treibt. Erst in der Dämmerung, wenn die Stechmückenschwärme hervorkommen, stehe ich ausgeruht auf. Ich wate durchs Wasser ans westliche Ufer und eile auf dem oft begangenen Pfad hinauf ins ebene Schwemmland. Bei den ersten Hügeln bricht die Nacht herein. Ich finde mich in mondloser Dunkelheit zurecht, ich schmecke, rieche und höre meine Umgebung, die Eindrücke ergänzen die behinderte Sicht zu einem runden Bild. So ist mir, als sei heller Tag.

In mondhellen Nächten gehe ich südwärts zu einer waldfreien Kuppe, dort setze ich mich und blicke ins Gebirge. Die Felsen leuchten hell, ich starre sie an, bis sie mich blenden, dann sehe ich kurzes Gras und Nadelholzbüsche, Schluchten, Schneefelder und Grate aus rauhem Gestein. Manchmal schaue ich nach Norden über das walddunkle Land und suche nach Feuerstellen, bis ich in der Schwärze tausende Glutpunkte sehe. Um jedes der Feuer tanzen Menschen, sie schlagen Trommeln, klatschen und singen Lieder von Bären, Wölfen und Hirschen. Erst wenn die Morgendämmerung anbricht, erhebe ich mich und laufe zum kleinen Fluß.

In mondlosen Nächten lenkt der Zufall mein Gehen. Einmal ist es ein Geräusch, dessen Ursprung zu erkunden mich reizt, oder ein Tälchen, durch das ein breiter Hirschpfad führt. Ein andermal blinkt ein Stern so klar durch die Baumkronen, daß ich auf ihn zulaufe, bis ich ihn an einer freien Stelle deutlich sehen kann. Dann bleibe ich stehen, horche und schaue. Die Geräusche und Bilder verschmelzen zu Tönen und Farben, die in Lautstärke und Buntheit anschwellend mich ausfüllen. Meine Füße ruhen auf der Erde, die mich zu tragen vergißt, ich schwebe in den unzählbaren Leben ringsum, mein Blut pulsiert im Gleichklang mit Moos, Baum, Marder und Sternenlicht. Manchmal höre ich mir fremden Menschengesang, manchmal bewegen sich leichte Gestalten, manchmal erscheinen mir erzählende Augen und lautlos sprechende Münder, von deren Lippen ich Worte zu lesen versuche. Das Dämmerlicht gibt dem Wald seine Farben zurück, die erwachenden Vögel singen die fremden Lieder in ihrer Sprache. Ich spüre das Moos unter den Füßen und wende mich dem kleinen Fluß zu.

Als ich am Ufer angelangt bin, erkenne ich auf meiner Schotterbank vier Männer. Drei sitzen an meiner Feuerstelle, einer steht und sucht mit den Augen den Fluß ab. Zu spät verberge ich mich hinter einem Baumstamm. Jetzt springen die drei anderen auf. Sie strecken die Arme von sich und zeigen ihre leeren Hände. Plötzlich werfen sich die Männer auf den Boden. Verwirrt bitte ich sie, sich zu erheben, sie tun es langsam und mit gesenkten Köpfen. Einer stößt stockend eine Litanei aus Entschuldigungen heraus. Man habe nie meinen Tod gewollt, ein Mißverständnis, falsche Schlüsse aus Gerüchten hätten die Gefangennahme irrtümlich nötig erscheinen lassen. Überzeugt davon, daß es eine falsche Vorgangsweise sei, habe man die Fesseln nur schwach geknotet und sich zum Schlafen gelegt, so habe man die Möglichkeit zur Flucht angeboten, ja eine Flucht nahezu aufgedrängt.

Einer der Männer legt einen Fellsack vor meine Füße. Damit, so hoffe man, könne man meinen Zorn besänftigen. Natürlich sei das Hochwasser eine Folge von Regen und Schneeschmelze gewesen, so aber habe man es auch wieder nicht gemeint, daß ich nun jeglichen Regen vom Land fernhalten solle. Da alle Bemühungen, Niederschlag herbeizuführen, fehlgeschlagen sind, bitte man mich, meinen Bann aufzuheben. Die Männer starren mich an und flehen mit den Augen um ein eindeutiges Zeichen. Ich stehe vor Überraschung regungslos da und suche nach einer Antwort. Einer der Männer öffnet den Sack und zeigt goldene Münzen, Mehl, Salz, Fellkleider, Schuhe, Stricke und Waffen. Ich befehle ihm, alles einzupacken und die Geschenke wieder an sich zu nehmen. In dreizehn Tagen werde ich mir die Sache überlegt haben. Die Männer nehmen ihre Tragsäcke auf die Schultern und entfernen sich auf dem schmalen Pfad, der am Ufer nach Norden führt.

Zwei Nächte später streife ich wieder durch die Wälder westlich des kleinen Flusses. Ich blicke durch die Wipfel der Bäume und sehe keinen Stern. Kurz zuckt fernes Licht durch das Dickicht, ein Gewitter naht. Als die ersten Regentropfen zu hören sind, bleibe ich stehen und lache, daß es im Wald wie rollender Donner dröhnt. Bald kleben mir die nassen Haare auf dem Kopf, Wasser rinnt über das Gesicht, tropft von Nase und Bart. Ich kehre zu meiner Höhle zurück und sehe drei Tage lang dem Regen zu.

Am vierten Tag reißen die Wolken auf und die Sonne scheint auf den Wald. Der kleine Fluß ist wieder ein Fluß geworden, saftiggrünes Gras zeigt sich zwischen den vertrockneten Halmen. Am Nachmittag höre ich Stimmen im Wald. Ich weiß, wer da kommt, und bleibe reglos sitzen. Zwei Männer treten in den Höhleneingang und legen den Fellsack auf den Boden. Ich höre, wie ihre Schritte sich entfernen, dann ist es still. In der Nacht backe ich ungesäuerte Brote aus all dem Mehl, das sie mir geschenkt haben. Gegen Mittag stehe ich auf den Felsen, die den Gipfel eines kleinen Berges bilden. Dort lege ich die Fladen im Kreis aus, in die Mitte leere ich die übrigen Geschenke. Ich überlege eine Weile, ob ich den Beutel mit den Münzen liegen lassen soll, dann wende ich mich ohne ihn rasch zum Gehen.

*

Das sechste Kapitel, worin der hl. Pieslwang erzählt, wie er einer Bärin begegnet.

Zum dritten Mal sehe ich die Blätter vor meiner Höhle fallen. Ich habe Vorräte gesammelt, Mehl und Salz gilt es noch einzutauschen. Als nach kühlen Tagen der warme Südwind über die Berge kommt, steige ich den Hang hinauf und gehe durch den lichten Wald des flachen Landes. Auf dem Hügel lege ich drei Steine übereinander und laufe weiter zur südlichsten Quelle des Grenzbaches. Dort knie ich nieder, stütze mich mit den Händen auf Wurzeln ab, beuge den Kopf und trinke aus dem kleinen Becken. Im Aufrichten höre ich Menschenschritte, einer der Nachbarn ist auf dem Weg zum Grasflecken auf dem Hügel. Vom Sattel aus sehe ich eine in Rehleder gekleidete Gestalt. Die Person scheint mich zu hören, denn sie dreht sich um, dann verbirgt sie sich im Gebüsch.

Auf dem Hügel warte ich auf den Boten. Nach einer Weile rufe ich in den Wald, daß ich Salz und Mehl brauche, zwei Wildschweinhäute könne ich dafür tauschen, und verlasse den Platz in jene Richtung, die zu meiner Höhle führt. Dabei stöbere ich Rehe auf, die Geräusche nutzend wende mich am Fuß des Hügels zurück zur Quelle und laufe so leise wie möglich durch den Wald. Neben dem schmalen Pfad verberge ich mich hinter dem Stamm einer mächtigen Buche. Ich lasse die Person nahe kommen und trete aus dem Versteck. Die Tochter der Dorfältesten bleibt vor mir stehen, als habe sie mich erwartet. »Morgen früh bringt man dir Salz und Mehl zu den drei Steinen!« sagt die Frau. »Hast du mich laufen gehört?« will ich wissen. »Nein! Du bist leise wie ein Marder. Ich habe gewußt, daß dich die Neugier packen wird.« – »Du hast gewartet, um mich hier anzutreffen?« – »Ja!« antwortet sie und lächelt. »Auch ich bin neugierig. Ich will wissen, wie es sich anfühlt, jahrelang alleine in einer Höhle zu leben!« – »Hat sie dir verboten, mit mir zu sprechen?« – »Für mich gibt es keine Verbote, auch wenn sie es nicht gerne sieht, daß ich hier mit dir stehe. Sie hat Angst, mein Bruder oder ich könnten es dir gleichtun. Doch ihre Angst ist unbegründet, ich halte nicht viel von deinem Weg.« Ich lehne mich gegen den Stamm der Buche. »Der Himmel hat mich dorthin gesetzt«, sage ich leise, »ein Blitz hat mein Gehen vor der Höhle angehalten. Dort bin ich geblieben. Es hat keine Fragen und somit keine Wahl gegeben.« – »Warum bist du aus deiner Siedlung weggegangen?« will die Tochter der Dorfältesten wissen. »Der Blitz hat meine Erinnerung daran ausgelöscht!«

Die Frau betrachtet mich lange, dann wiederholt sie die Frage: »Wie fühlt es sich an, alleine in einer Höhle zu leben?« Ich finde keine Antwort. Ich rede von Jagd und Fischfang, von Holzsammeln, Beerentrocknen und von der Katze, die bei mir wohnt. Wie meine Katze streife ich nachts durch die Wälder, wie sie ruhe ich tagsüber. »Was hast du gelernt?« will sie wissen. »Was denkst du?« Ich rede von Tag und Nacht, von Jahreszeiten, fallenden Blättern und Knospen, von den Höhlen der Füchse, dem Lager der Wildschweine und erkläre, wie man einen Fisch mit bloßer Hand fängt. »Ich muß jetzt gehen!« unterbricht sie mich und geht. Ich bleibe über ihren unerwarteten Aufbruch verwirrt stehen und blicke ihr nach, wie sie im Wald verschwindet. Dann laufe ich los und folge einem Tierpfad, der nach Süden führt. Hinter meinem Rücken knacken Äste, ich drehe mich um und sehe eine Bärin auf mich zukommen. Sie hält die Nase in meine Spur gesenkt, noch hat sie mich nicht gesehen. Ich haste zum nächsten Baum, jetzt hört mich die Bärin und läuft los. Sie hat mich fast eingeholt, als ich mich auf einen Ast schwinge. Ich klettere höher, die Bärin richtet sich auf und schlägt mit den Pranken nach meinen Beinen, verfehlt sie aber knapp. Ich setze mich und sehe ihr zu, wie sie sich niederläßt und wartet. Die winzigen Augen des großen Tieres starren mich an. Als mein Atem wieder ruhig geht, greife ich nach meinem Dolch. Wenn sie den Kopf abwendet, will ich ihr ins Genick springen und ihr die Kehle durchschneiden. Die Bärin aber legt sich so hin, daß sie mich ununterbrochen sieht, meine kleinste Bewegung läßt sie die Ohren aufstellen.

Die Sonne ist ein gutes Stück gegangen, als mir kalt wird. Irgendwann springe ich. Die Bärin hat sich aufgerichtet, noch ehe ich ihr Fell berühre. Ich treffe sie mit einem Fuß auf der Nase, verliere das Gleichgewicht und rutsche über ihren Rücken, was den Aufprall auf den Boden mildert. Das Tier fällt auf alle Viere und brummt zornig, ich stoße ihr das Messer bis zum Schaft seitlich in den Hals. Tödlich getroffen brüllt sie laut, schlägt mit den Pranken und erwischt mich am Kopf. Die Sonne steht tief, als ich neben der toten Bärin liegend erwache. Ihre Krallen haben sich in das Fleisch der Wange gegraben, ich spüre getrocknetes Blut, mein Kopf schmerzt. Ich beginne, das Fell abzuziehen, kann aber den toten Körper nicht umdrehen, weil mein rechter Arm keine Kraft hat. Langsam schleppe ich mich zu meiner Höhle zurück.

Am Morgen fühle ich mich ein wenig besser. Ich wasche mich am Fluß und gehe hinauf zum Hügel des flachen Landes. Als ich in den runden Grasflecken trete, stehe ich vor der Tochter der Dorfältesten. Sie starrt auf meine Wunde und sieht meinen schleppenden Gang, erhebt sich, nimmt den Sack Mehl auf die Schulter und trägt ihn zur Höhle. Ich folge immer weiter zurückfallend ihrem schnellen Schritt. Bei meiner Wohnung angekommen nimmt sie mich an der Hand und geht mit mir hinunter zum Fluß, wo sie am Ufer Pflanzen aus dem weichen Boden zieht. Sie kaut die Wurzeln zu Brei und legt ihn mir auf die Wange.

»Ich bin noch zu schwach, um der Bärin alleine das Fell abzuziehen! Kannst du mir helfen?« Sie nickt und folgt mir am Ufer entlang. Wir arbeiten so rasch wie möglich, an einem Bein ist das Fell bereits von einem Tier zerfleischt und unbrauchbar geworden. Wir schleifen die Haut zum kleinen Fluß und waschen sie. Trotz der Kälte steigen auch wir ins Wasser, um uns von den Flöhen zu befreien, die aus dem Fell auf uns gesprungen sind. Zitternd tragen wir das Fell und die nassen Kleider zurück zur Höhle, wo die Tochter der Ältesten das Feuer schürt. Wie kriechen in den Bärenfellsack, doch es dauert lange, ehe wir uns aufgewärmt haben. Irgendwann bricht die Kälte in den Körpern zu Hitze, aus dem Reiben der Handflächen wird sanfte Berührung. In unseren Leibern wachsen zwei Feuerbälle, die alles Denken verbrennen. Haut klebt an Haut und nichts vermag uns zu trennen. Geschlecht findet zu Geschlecht, bis die Flamme erlischt.

Ich erwache alleine in die Nacht. Hungrig lege ich Holz in die schwache Glut und beginne zu essen. Der rechte Arm hat seine Kraft zurückbekommen, nur die Wange schmerzt noch ein wenig. Zum ersten Mal fühle ich mich einsam. Ich will sie bei mir haben, will ihre Haut spüren, will an ihrem Herzschlag einschlafen. Als ich satt bin, ziehe ich die über dem Ofen trocken gewordenen Kleider an und laufe hinauf ins flache Land, auf dem Hügel lege ich die drei Steine übereinander. Drei Tage lang warte ich auf einen Boten. Eines Morgens steht einer der Nachbarn vor meiner Höhle. Enttäuscht bitte ich um einen Sack Gerbsalz für das Bärenfell und gebe dem Boten dafür eine goldene Münze. Nach einem halben Tag erscheint er mit dem Verlangten, um sogleich ohne ein Wort im Wald zu verschwinden. Ich laufe ihm bis zur Quelle nach, doch ich überschreite die mir gegebene Grenze nicht.

*

Das siebente Kapitel, worin der hl. Pieslwang erzählt, wie er seinen Willen erprobt.

Es beginnt zu schneien. Ich stecke bis zum Bauch im hohen Schnee, wenn ich zum zugefrorenen Fluß gehe. Dort schlage ich mit einem Stein ein Loch ins Eis, um Trinkwasser zu schöpfen. Schon am nächsten Morgen ist die breite Spur unter frischem Schnee verschwunden, das Loch ist zugefroren. Ich sitze Tage und Nächte vor dem Herdfeuer, immer seltener unterbricht die Erinnerung an die Tochter der Dorfältesten meine Ruhe. Als das Bärenfell gegerbt ist, füttere ich die Hautseite mit Hasenfellen und knüpfe es mit schmalen Lederstreifen zu einem Mantel.

Am kürzesten Tag des Jahres fährt milder Westwind über das Land, Regen tränkt die Schneedecke. In der Nacht reißen die Wolken auf, die Schneefläche gefriert zu Eis, das einen Mann tragen kann. Gegen Mitternacht kommt der Mond mit mildem Licht durch die kahlen Baumkronen. Ich werfe den Mantel über die Schultern und gehe gegen Südwesten. Beim kleinen Sattel nahe der südlichsten Quelle des Baches quere ich den Hang. Ich überlege, ob hier eine für mich gültige Grenze verläuft, kann die Frage aber nicht beantworten und wende die Schritte bergwärts. Bald habe ich den Höhenrücken erreicht. Von einer bewaldeten Kuppe steige ich über den Kamm zu einer kleinen Lichtung hinunter, in deren Mitte eine mächtige Linde steht.

Es ist ein freundlicher Platz. Ich spüre den Sommer, dessen Hitze unter dem Eis in der Erde ruht. Am Stamm der Linde kriecht ein wenig vom Sonnenlicht hoch, die dunkle, rissige Rinde wärmt meine Handflächen. Auf den ausladenden, leicht zu Boden geneigten Ästen sehe ich die Reste des Sommers, schmale Flügelblätter, an denen wie mit einem Faden gebunden Fruchtkügelchen hängen. Jede der kleinen Kugeln ist heute ein gefrorener Wassertropfen, der im Mondlicht glänzt. Ich stehe an den Stamm gelehnt und schaue. Buntes Licht kommt von den Früchten, mein bald nach oben gerichteter Blick unterscheidet kaltes Blau und kräftiges Violett, Grün wie von erstem Gras, sattes Rot und das Orange der sinkenden Sonne. Die Farben der Eiskugeln unterscheiden sich nicht von den Farben der Sterne, die zwischen den dunklen Ästen sichtbar sind. Baum und Himmel verschmelzen zu einer Kuppel aus buntem Licht. Ich stehe und schaue, bis sich der Mond mit gelblichem Leuchten in die Farben drängt. Als ich mich vom Baum löse und den Kopf senke, sehe ich die Tochter der Dorfältesten neben mir.

»Du siehst wie ein Bärenkind aus!« sagt sie und lacht. »Ist dir nicht kalt?« frage ich und starre die nur mit einem dünnen Rehfell bekleidete Frau an. »Nein! Seitdem ich bei dir im Bärenfell wohne, kann mir nicht mehr kalt sein!« Eine Frage drängt sich aus meinem Mund: »Kommst du mit?« Sie nickt und läuft den Hang hinunter. Ich folge ihr, verliere sie im Dunkel des Waldes aus den Augen, nur das Brechen von Ästen ist weit vorne zu hören. Am Bach, wo ich die Bärin erstochen habe, halte ich an und lausche in die Stille des Waldes. Ihr Bild kehrt in mich zurück und jetzt fällt mir auf, daß sie keine Schuhe trägt, die nackten Füße berühren das Eis kaum. Ich eile zu meiner Höhle und finde sie leer.

Sieben Nächte lang besuche ich die Linde auf dem Hügel. Die Frau erscheint mir nicht mehr, die Früchte des Baums haben ihre Eishüllen und Farben verloren. Vom achten Tag an bleibe ich bis zur Schneeschmelze in meiner Höhle sitzen, in den Flammen des Herdfeuers erscheinen Bilder, an die ich mich später nicht mehr erinnern kann. Sie halten mich vor dem Herd fest und erzählen die Erlebnisse eines Wanderers bis zu jenem Augenblick, da er von einem Blitz getroffen wird. Als Tag und Nacht gleichlang geworden sind, glaube ich vor einem Wasserspiegel zu sitzen. Ich sehe mich in den Flammen, jedes Haar und jede Bewegung der Augen fällt auf mich zurück und trifft mich.

Neben meinem Spiegelbild sehe ich das Spiegelbild der Frau. Sie sitzt auf einem Bärenfell, zwischen den Stämmen des Auwaldes leuchten Schneeglöckchen, Leberblümchen, Buschwindröschen und Himmelschlüssel. Sie pflückt eine Blume und verschwindet mit ihr im Feuerspiegel.

Hungrig erhebe ich mich und gehe vor die Höhle. Aus dem kleinen Bach, der mir als Grenze bestimmt worden ist, fange ich drei Fische, auch frische Kresse trage ich zur Höhle. Nach dem Essen breche ich auf, eile zur Linde und setze mich auf einen der breiten Äste. Ich spüre, wie unter der Rinde der Saft hochsteigt und kleine Knospen schwellen läßt. Mit dieser Nacht ist auch für mich die Zeit gekommen, wieder durch die Wälder zu streifen. Oft blicke ich hinüber zum Waldrand, ob sie auftaucht. Wiederholt glaube ich ihre Schritte zu hören, einmal knackt es laut zwischen den Stämmen, und ich laufe hin, um dort niemand zu finden. Ich stelle mir ihre in Rehleder gekleidete Gestalt vor, daß ich sie fast greifen kann, doch ihr Gesicht bleibt ein weißer Fleck im dunklen Haar.

Am Rückweg lege ich das Steinzeichen, das einen mir unbekannten Mann zu mir kommen läßt, mit dem ich Hasenfelle gegen Mehl tausche. Auch die Versuche, ihr Spiegelbild in den Flammen wiederzufinden, scheitern an der Absicht. Nur einmal im frühen Sommer sehe ich ihr Lächeln, als ich mich beim Krebsefangen über den kleinen Fluß beuge.

*

Das achte Kapitel, worin der hl. Pieslwang erzählt, wie er die Südgrenze seines Landes bestimmt.

Im fünften Jahr nach meiner Wanderung quere ich den kleinen Fluß nicht. Es ist Frühling, als ich zum ersten Mal in der Nacht von meiner Höhle nach Süden gehe. Ein schmaler Streifen Auwaldes liegt zwischen dem Wasser und dem steilen Hang des flachen Landes. Bald wird das Tal eng, eine kleine Felswand reicht bis ins Wasser. Ich kenne die Stelle gut und steige zum Absatz hinauf, der nach Süden in ein Schwemmlandbecken abfällt. Sumpfdotterblumen stehen am Ufer eines Rinnsals, dann folgt flacher Auwald bis zum Bach, an dem ich die Bärin getötet habe. Jenseits des Baches liegt mir unbekanntes Land.

Bald muß ich die kleine Schlucht erreichen, die ich vom Hügel aus erkennen kann. Die kleinen Bäche und Rinnsale, die ich quere, verwirren meine Erinnerung. Ich halte an, drehe um und eile am Ufer zurück, nach kaum zweihundert Herzschlägen stehe ich wieder in bekanntem Gelände. Ich folge dem kleinen Wasser bergwärts und weiß, daß dies die Südgrenze meines Landes sein muß. Jenseits paßt der Fluß der Zeit nicht zu mir.

Auf dem Hügel des flachen Landes finde ich die drei übereinandergelegten Steine. Das Zeichen war als Signal in eine Richtung gedacht, nun ruft es mich zum flachen Sattel und über den bewaldeten Hang zur oberen Weide der Nachbarn. Da entdecke ich zwischen ihnen ein braunes Ahornblatt des vergangenen Jahres, an einem Busch am Rand der freien Fläche steckt das nächste Blatt. Ich folge der Blätterspur talwärts, sie quert den soeben als südliche Grenze bestimmten Bach, drüben hängt an jeder dritten

Eibe ein Blatt. Im Auwald am Ufer des kleinen Flusses verliere ich die Spur. In immer größeren Kreisen suche ich nach einem Zeichen, bis mir einfällt, daß das letzte Blatt nicht an einer Eibe, sondern an einer Eiche hängt. Ich gehe zurück und klettere auf den mächtigen Baum. In der breiten Gabelung des Stammes sitzt die Tochter der Dorfältesten und lacht: »Die Zeit des Wiedersehens ist gekommen, kleiner Bär!«

Wir laufen nach Süden, klettern in die Schlucht des kleinen Flusses und setzen uns auf das von der Sonne beschienene, schottrige Ufer. Wir reden von der Begegnung bei der Linde und ihrem Besuch in der Höhle. Wir schweigen den halben Tag ohne Berührung und trennen uns ohne Abschied, um bald darauf wieder auf der Schotterbank zu sein. Im Sommer bringe ich Glut für ein Feuer aus Treibholz, wir schwimmen, fangen Fische und schlafen gesättigt auf dem Bärenfellmantel. Wir leben, als wäre sie mit mir Jahre gewandert und Jahre bei mir in der Höhle gesessen. Es kommen Tage, da reden wir kein Wort, wir hocken nebeneinander, durch einen Felsvorsprung vor dem Regen geschützt. Dann wieder laufen wir und lachen, unsere Hände streichen über die Haut des anderen, als wäre der ein seltener Kristall. Wenn das Blut wieder langsam durch die Adern zieht, gehen die Münder auf und wir erzählen einander in den Schlaf.

In einer Nacht im heißesten Sommer öffnet sich in dem Augenblick, da die Körper wie einer geworden sind, der Himmel, und ein Strahl aus Licht trifft unsere Seelen. Zu dritt erwachen wir in den Morgen. Am Nachmittag trennen wir uns, die Tochter der Dorfältesten bestimmt den Hügel im flachen Land für das nächste Treffen. Sie geht in die Siedlung zurück, ich werfe die Asche der Feuerstelle in den Fluß. Bald wirkt der Platz, als wäre hier nie ein Mensch gewesen. Am gleichen Abend gibt die Dorfälteste ihrer Tochter bitteren Tee zu trinken, zwei Wochen später kommt das Blut, und die Frauen begraben das winzige Kind.

Ich streife wieder Nacht für Nacht durch die Wälder westlich des kleinen Flusses, in der Morgendämmerung jage ich, um das Fleisch für den Winter zu trocknen. Dann ist der Tag gekommen, da ich zum Hügel des flachen Landes hinaufsteige. »Unser Kind ist gegangen!« sagt die Tochter der Ältesten leise. Ich nicke und mir ist, als wisse ich bereits davon. »Die Grenze verläuft auch zwischen dir und mir!« sagt die Frau. »Ich habe es nicht glauben wollen, doch jetzt sehe ich sie deutlicher als alle Tage zuvor. Unser Kind wäre daran in zwei Stücke zerbrochen.« Wir schweigen, nach einer Weile fügt sie traurig hinzu: »Du hättest mitkommen müssen. Für wenige Tage war die Grenze verschwunden.« – »Sie ist immer da gewesen, du hast sie bloß nicht sehen wollen!« stelle ich fest.

Als es zu regnen beginnt, stehen wir auf. »Ich sehe, daß wir uns wiedersehen!« sage ich, lächle und wende mich zum Gehen. Mir fällt ein, daß es an der Zeit ist, mit dem Holzsammeln zu beginnen, und ich laufe quer durch den lichten Wald des flachen Landes zu meiner Höhle.

*

Das neunte Kapitel, worin der hl. Pieslwang erzählt, wie er eine neue Lichtung entdeckt.

Ein milder Winter bricht an, wenige Wochen nach der längsten Nacht treiben Bäume und Büsche aus, zur Zeit der Tag- und Nachtgleiche stehen sie in hellem Grün. Die ersten Frühlingstage sind wärmer als mancher Sommer. Ich bin nie lange vor dem Ofenfeuer gesessen, der gefütterte Bärenfellmantel hätte mich auch in kälteren Nächten gewärmt. Meine Streifzüge nach Westen haben mich zu einem großen See geführt, der zwei Tage weit entfernt liegt. Dort habe ich eine große Siedlung am gegenüberliegenden Ufer gesehen. Meine Streifzüge nach Norden haben mich das Ufer des großen Flusses betreten lassen. Einmal bin ich nach Süden gegangen, bis ich am Fuß des hohen Gebirges gestanden bin.

Jetzt breche ich mit Essensvorräten beladen nach Süden auf, ich will den höchsten Gipfel des Gebirges besteigen und übers Land schauen. Ich gehe den Fluß entlang bis zur kleinen Felswand, steige zum kleinen Absatz hinauf und halte mich an die Fortsetzung des Hanges. Wo das Bächlein entspringt, das kaum hundert Schritte weiter in den kleinen Fluß mündet, liegt eine winzige Lichtung zwischen Abhang und Auwald, die ich noch nie gesehen habe. Ich hänge den Bärenfellsack über den Ast der mächtigen Rotbuche, die den freien Platz bestimmt. Den oberen Rand des Hanges kenne ich genau, auch der Auwald ist mir bekannt. Ich weiß den großen Felsbrocken, der kaum zwanzig Schritte neben der unbekannten Lichtung liegt, ich weiß die Stelle, wo das Bächlein nach zehn Windungen in den Fluß mündet.

Ratlos kehre ich zum winzigen Stück freien Landes zurück und setze mich auf einen Flecken Moos unter der Buche. Mein Rücken lehnt am glatten Stamm, der Kopf ruht mit dem Kinn auf den Handflächen, sein Gewicht wird über die Ellbogen auf die Knie der angewinkelt stehenden Beine abgestützt. Eine der tausenden Erlen oder Weiden nicht zu erkennen, würde mich nicht beunruhigen. Die Lichtungen in meinem Land aber kenne ich genau, es sind dreizehn, ausgenommen die kreisrunde Grasfläche auf dem Hügel im flachen Land. Ich beschließe, der Lichtung den Namen »Winterbuche« zu geben und sitzen zu bleiben. Mein Blick ruht auf den schmalen Halmen, die sich zwischen den gefallenen rotbraunen Blättern zeigen. Ich zähle in meinem Gesichtsfeld hundert und noch einmal hundert, je länger ich schaue, desto mehr Grashalme kann ich erkennen. An der großen Wurzel wachsen knapp hundert, im Dreieck zwischen meinen Füßen sehe ich siebenundachtzig.

Als die Sonne tief steht, werfen die winzigen Halme winzige Schatten. An der Stelle, wo sie aus dem Laub ins Licht treten, wächst ein grüner Halm in die Höhe und ein schwarzgrauer Halm nach Osten, der zweite wird immer größer und dunkler. Schließlich ist alles schwarz geworden, das Gras ist verschwunden. Ich höre die Geräusche der Tiere nicht, ich sehe nur, wie sich im Mondlicht die Grashalme farblos aufrichten, wie sie mit dem ersten Sonnenlicht grün werden und kleine Tautröpfchen tragen. Gegen Mittag hebe ich den Blick und blicke zur zweiten Biegung des Bächleins. Es hat sich drei Handbreit in den weichen Boden des Auwaldes gegraben, in der Kurve ist die Einsenkung ein wenig breiter als an den Stellen, wo das

Wasser geradeaus fließt. So kann ich die silbrige Oberfläche erkennen. Die kleinen Böschungen aus Erde und Lehm sind durch Grasbüschel verdeckt, die von den Rändern der Wiese hinunterhängen. Winziges Gluckern steht in meinem Kopf, ich kann mir vorstellen, daß ich das Geräusch nicht wirklich höre, sondern zum Fließen dazudenke. Jahre später erzähle ich folgendes:

»Siebzehn Tage und sechzehn Nächte saß ich an den Stamm einer Buche gelehnt am Rand einer kleinen Lichtung. Vom zweiten Tag an war in mir nur das Bild der silbrigglänzenden Wasseroberfläche, ein winziger Spiegel lag vor mir und sah mich an, wie ich ihn ansah. Selbst in der Nacht leuchtete er herüber. Einmal erwachte ich in einer Höhle. Ich hatte kein Licht bei mir, und meine Hände tasteten über den rauhen Fels. Schritt um Schritt kam ich langsam voran, ich wußte nicht, ob ich zu einem Ausgang kommen würde. Wasser tropfte mir auf den Kopf und lief mir kalt über den Rücken. Dann wieder versperrten mächtige Felsbrocken meinen Weg, ich mußte in völliger Dunkelheit klettern. Irgendwann begann es modrig zu riechen und so glaubte ich, einem Ausgang nahe zu sein. Tatsächlich endete die steinerne Wand zu meiner Seite, ich spürte Gras unter meinen Händen, doch es war dunkel wie in der Höhle. Noch nie hatte ich eine so dunkle Nacht erlebt, es schien, als habe der Himmel, der selbst durch dicke Wolken ein winziges Restchen Licht schickt, aufgehört zu sein. Unendlich lange blieb ich auf feuchter Erde sitzen, immer ungeduldiger spähte ich ins Dunkel, um wenigstens die Spur einer Dämmerung zu erspähen. Irgendwann schlief ich vor Erschöpfung ein.

Als ich erwachte, war es dunkel wie zuvor. Aus Angst stellte ich mir vor, es sei heller Tag. Ich malte mir in Gedanken einen mit lichtem Wald bewachsenen Hang, den ich langsam hinunterstieg. Unten floß ein Bächlein, aus dem ich in großen Zügen trank. Ich ging das Tal hinaus und kam zu einem Platz, wo das Bächlein in einen kleinen Fluß mündete. Dann erreichte ich eine winzige Lichtung, durch die in zehn Windungen ein kleines Bächlein floß. Müde setzte ich mich unter eine mächtige Buche, lehnte mich an den Stamm und starrte in die dunkle Nacht. Da fiel mir ein, daß ich von meiner Höhle zu einer Buche gegangen war.«

Am siebzehnten Tag versuche ich, meine Beine auszustrecken. Ich spüre sie nicht und sehe zu, wie sie sich langsam bewegen. Ich stütze mich gegen den Baumstamm, stehe auf und trete auf der Stelle, ich springe, bis ich das leichte Kribbeln spüre, wenn ein eingeschlafenes Bein aufwacht. Irgendwann fühle ich mich sicher, ich drehe mich um und stelle fest, daß ich mitten im Auwald stehe. Die Lichtung ist verschwunden. Mit dem Sack auf der Schulter gehe ich entlang des Bächleins zum Flußufer. Kalter Sturm kommt aus Nordwesten, und winzige Schneeflöckchen fallen vom Himmel, wie es oft um diese Jahreszeit vorkommt. In meiner Höhle entfache ich ein Feuer, dann lege ich mich auf mein Lager. Erschöpft schlafe ich ein, als wäre ich siebzehn Tage lang durch die Welt gelaufen.

*

Das zehnte Kapitel, worin der hl. Pieslwang erzählt, wie er seine Katze verliert.

Eines Abends folge ich dem Bach, der mir als Grenze bestimmt worden ist, betrete aber nie das gegenüberliegende Ufer, auch wenn es flach ist und ich durch den Steilhang auf meiner Seite gezwungen werde, im Bachbett von Stein zu Stein zu springen. Das Tälchen weitet sich, der Bach findet Platz, sich zwischen Schotterinseln und Büschen zu winden. Es ist tiefe Nacht, als ich die südlichste Quelle und den kleinen Sattel erreicht habe. Vom Hügel im flachen Land steige ich hinunter ins Tal des Bächleins, wo ich die Bärin erstochen habe. Wieder von Stein zu Stein springend erreiche ich dessen Mündung in den kleinen Fluß. Von dort folge ich den Pfaden der Tiere bis zu meiner Höhle. Zum ersten Mal bin ich die Grenzen des Landes, das mir zugewiesen worden ist, in einem Zug abgegangen. Lange bleibe ich vor meiner Höhle stehen, dann lege ich diesen Weg ein zweites Mal zurück.

Von dieser Nacht an gehe ich jede Nacht zweimal die Runde, in mondheller Sommernacht wie in bauchtiefem Schnee. Nach einem Jahr lege ich zum ersten Mal die gesamte Strecke mit geschlossenen Augen zurück, ich weiß jeden Stein, ich weiß, mit welcher Sprungkraft ich mich in diesem Augenblick abstoßen muß, um auf dem nächsten Stein zu stehen, ich weiß die Zahl und Winkel der Richtungsänderungen, die Zahl der Schritte, die Zahl meiner Herzschläge.

Fortan gehe ich die Runde mit geschlossenen Augen. Zur Rechten liegt erhöht das flache Land, das ich in der Morgen- und Abenddämmerung durchstreife. Bald ist mir während des Gehens, als säße ich in meiner Höhle und starrte ins Feuer. Die Glut wächst zu einer Riesin, die tausend Glutkinder gebiert. Sie laufen aus der Höhle ins flache Land, dann umkreisen sie es, rasen dahin und bilden ein feuriges Oval, als schwinge die Riesin einen Stock mit glühender Spitze. Das flache Land aber steigt in die Höhe, hebt sich aus den Wäldern wie ein Gebirgsstock mit feurigen Flanken.

Am dritten Jahrestag der Umrundung halte ich auf dem Hügel, öffne die Augen und blicke übers Land. Tief unten liegen die Siedlung der Nachbarn und die Siedlung zwischen den Flüssen. Ich betrachte die Täler, Gipfel und Schneefelder des Gebirges von oben, sehe Gamsrudel und Bären. Unbekannte Berge aus dunklem Gestein liegen südlich davon. Bis ins Morgengrauen stehe ich auf dem Gipfel. Von diesem Tag an gehe ich die Grenze nicht mehr ab.

Am Abend laufe ich über das flache Land zum Hügel, setze mich in die Mitte des Grasfleckens und horche in den Wald. In das Rascheln von Mäusen und Kauzschreie mischt sich ein Wort. Ich versuche es zu verstehen, doch es verschwimmt in den Geräuschen, die der durch die Bäume ziehende Wind erzeugt. Irgendwann gebe ich auf, hebe den Kopf und betrachte die Sterne, deren Zahl im Schauen wächst. Bald liege ich auf dem Rücken, mehr und mehr Lichtpunkte erwachen zum Leben, zunächst flackernd, dann leise strahlend. Der Nachthimmel wird mir hell und blendet mich so, daß ich die Augen schließen muß.

Da weiß ich, daß das Wort »Warum« gelautet hat. Ich spreche es zunächst leise, dann laut summend nach. Ich singe das Wort, erhebe mich und tanze zu den Silben, bis das Wort meinen Herzschlag bestimmt. Jeder Herzschlag heißt »Warum«, jedes »Warum« bedeutet einen Schritt, drei Schritte drehen den Körper einmal im Kreis. Der Kopf fällt in den Nacken, die Augen fangen das Licht der tanzenden Sterne, die sich bei jedem dritten Herzschlag einmal im Kreis gedreht haben. Himmel und Erde tanzen die Frage, umkreisen mich Stunde um Stunde. Erst die rote Sonnenkugel kann die Bewegung zum Stillstand bringen.

Bis in die Abenddämmerung sitze ich auf dem Hügel des ebenen Landes und spüre Frage um Frage. Warum bin ich gegangen? Warum lebe ich in der Höhle? Warum lebe ich alleine? Warum habe ich das flache Land umkreist? Warum hat man mir Grenzen gegeben? Warum sitze ich hier? Warum stehe ich nicht? Warum habe ich Beine? Warum schlägt mein Herz? Jeder dritte Herzschlag bringt eine neue Frage, keine Frage stellt sich zweimal. Am Abend ist mein Kopf gefüllt, ich stehe auf und kehre in meine Höhle zurück.

Bald kocht eine Mahlzeit im Topf auf dem Herd. Neben mir sitzt die müde gewordene Katze und schaut mit mir ins Feuer. »Warum bist du bei mir geblieben?« frage ich, und die Katze blickt mich an, als verstünde sie mich. Ich streiche über ihr Fell, sie schnurrt, setzt sich auf meinen Schoß und schließt die Augen. Irgendwann hört ihr Herz zu schlagen auf. Ich stecke sie in einen Sack und weine, während ich sie zum Fluß trage und unter Steinen begrabe. Erst mit dem Essen versiegen die Tränen. Es ist noch dunkle Nacht, als ich mich müde auf mein Lager lege, dennoch kann ich nicht schlafen. Das Warum ihres Todes will eine Antwort. Zum ersten Mal in meinem Leben grüble ich mich in den Schlaf, zum ersten Mal denke ich jenseits von

Erdenzwang, bis die Gedanken sich in einen Traum verlieren.

Der Traum der Antworten schüttelt mich auf dem Lager. Jeder dritte Herzschlag bringt eine neue Antwort, keine kommt zweimal. Im Erwachen ist mein Kopf leer, ich stehe auf und gehe aus der Höhle hinunter zum Grab meiner Katze. Die erste Antwort meines Lebens weiß, daß das erwachte Denken die Welt neu erstehen lassen wird. Die zweite Antwort finde ich nicht, obwohl ich beim Holzsammeln tagelang nachdenke. Als der Holzstoß groß genug ist, erkenne ich, daß es Fragen gibt, die zu beantworten mir nicht möglich ist. Die Erkenntnis hinterläßt einen schalen Geschmack und zum ersten Mal schieße ich den Pfeil am Reh vorbei.

In dieser Nacht liege ich rücklings auf dem Hügel des flachen Landes. Ich zähle die Sterne, bis mir die Worte der Zahlen ausgehen, dann höre ich die Frage: »Warum liegst du hier?« Ich blicke auf und sehe die Älteste der Nachbarn vor mir stehen. »Ich liege hier, weil ich die Sterne zählen will!« antworte ich. Die alte Frau beginnt zu sprechen:

»Meine Tage sind gezählt. Bald wird meine Tochter mir nachfolgen und die Sippe führen. Sie wird eine gute Älteste sein. Vor vier Sommern hat sie viel zu früh ein Kind im Leib getragen. Wer zur Ältesten bestimmt ist, braucht alle Kraft für den Weg dorthin. Du weißt, wofür sie sich damals entschieden hat.

Vor dir liegt noch ein weiter Weg: Wer die Sterne zu zählen beginnt, kann sich leicht in den Himmel verlieren. Es gibt Fragen, die zu stellen in die Irre führt. Es gibt Fragen, die das Denken nie beantworten kann. Die Wahl zwischen zulässigen und unzulässigen Fragen und die

Wahl der Antwort richtig zu treffen, macht einen guten Ältesten aus. Dir bleibt nur, durch falsche Antworten auf falsche Fragen deinen Weg zu finden. An dem Tag, da du auf deine erste richtige Frage deine erste richtige Antwort findest, verschwindet die Grenze zwischen dir und meinem Stamm. Bis dahin aber sollst du meine Tochter nicht treffen.«

Die Älteste dreht sich um und verschwindet im Wald. Ich will ihr nachrufen, warum ich ihre Tochter nicht sehen soll, doch die Frage kommt nicht über meine Lippen.

*

Das elfte Kapitel, worin der hl. Pieslwang erzählt, wie er über den Bach geht.

Drei oder fünf oder sieben Jahre lang habe ich mein Land nicht verlassen. Diese Feststellung läßt mich wie alle Tage Antworten auf Fragen suchen. Wie lange habe ich mein Land nicht verlassen? Warum weiß ich nicht, wieviele Winter und Sommer um mich gewesen sind? Die Antwort lautet, daß all das nicht von Bedeutung ist. Die Frage, ob ich eine richtige Antwort auf richtige Fragen gefunden habe, bleibt unbeantwortet. Ich weiß nur, daß ich bin. Meine Hände, meine Füße, meine Augen und Ohren haben das schon immer gewußt. Jetzt weiß es auch mein Kopf. Mein Kopf weiß vieles. Er kann mir meine Welt erklären. Nur mich erklärt er mir nicht.

Jede Handbreit Bodens in meinem Land ist mir bekannt. Ich kenne jeden Baum, jeden Strauch, jede der sechzehn kleinen Höhlen im steilen Hang des flachen Landes, jeden großen Stein, jede Kuhle, jeden Fuchsbau, jede sumpfige Stelle, jeden Tierpfad. Ich weiß, wo die besten Nüsse und Bucheckern wachsen, wo die meisten Beeren hängen, wo wilde Kirschen und Hagebutten reifen. Ich weiß, daß mich der Himmel hiehergesetzt hat. Warum er es getan hat, weiß ich nicht. Doch das ist vielleicht eine der vielen falschen Fragen, die ich mir während all der Tage gestellt habe.

Heute gehe ich hinüber zur Mündung des Grenzbaches und habe den Vorsatz, mein Land zu verlassen. Ich will wissen, ob jenseits der Grenzen alles gleich geblieben ist. Warum ich vermute, daß sich außerhalb meines Landes etwas geändert haben könnte, weiß ich nicht. Im Bedenken der möglichen Veränderungen stelle ich fest, daß sich mein Schritt beschleunigt. Immer rascher stoßen mich die Beine vom Boden weg und treiben mich vorwärts, mein Herz schlägt schneller, mein Atem kommt laut aus dem Mund. Mein Körper eilt durch den Auwald, meine Gedanken sind weit vor mir und sehen bekanntes Land. Der Grenzbach behindert meinen Lauf nicht, ich springe und finde den Pfad, den mich vor Jahren die sieben Männer aus der Stadt entlanggetragen haben. Viele der Büsche blühen wie in meinem Land, viele Bäume sind gewachsen, manche sind gefallen. Ich erkenne Blumen, die den jetzt in meinem Land wachsenden Blumen gleichen. Der kleine Platz, an dem ich mich vor Jahren aus der kurzen Gefangenschaft befreit habe, ist ein wenig kleiner geworden, die Reste des verbrannten Holzes sind unter einem grasbewachsenen Hügelchen verborgen. Ich gehe bis zum nächsten Bach, die Sonne wärmt das braune Laub eines großen Baumes, ich setze mich und lehne mich mit dem Rücken gegen den Stamm.

Mein Kopf ruht mit dem Kinn auf den Handflächen, sein Gewicht wird über die Ellbogen auf die Knie der angewinkelt stehenden Beine abgestützt. Mein Blick ruht auf den Halmen, die sich zwischen den gefallenen Blättern zeigen. Ich zähle hundert und noch einmal hundert, je länger ich schaue, desto mehr Grashalme kann ich erkennen. An der großen Wurzel wachsen knapp hundert, im Dreieck zwischen meinen Füßen sehe ich siebenundachtzig Halme. Gegen Mittag hebe ich den Blick zu einer Biegung des Baches. Er hat sich drei Handbreit in den weichen Boden gegraben, in der Kurve ist die Einsenkung ein wenig breiter als an den Stellen, wo das Wasser geradeaus fließt. So kann ich die silbrige Oberfläche erkennen. Winziges Gluckern steht in meinem Kopf. Ich glaube, daß ich das Geräusch nicht höre, sondern zum Fließen dazudenke.

Jenseits meiner Grenze ist alles so, wie es in meinem Land ist. Dennoch scheint mir, als sei alles um mich anders geworden. Vor drei oder fünf oder sieben Sommern bin ich an der kleinen Lichtung, die in ewigem Dunkel liegt und deshalb von mir nicht gesehen werden kann, an den Stamm eines Baumes gelehnt gesessen. Hätte sich seit diesen Tagen die Zahl der Halme nicht verändern müssen? In mir liegt während der Suche nach einer Antwort nur das Bild der silbrigglänzenden Wasseroberfläche. Ein winziger Spiegel sieht mich an, wie ich ihn ansehe. Er spricht zu mir, ich lausche und höre, daß er bloß vor sich hin spricht. Er redet in der Sprache der Bewohner der Siedlung zwischen den Flüssen, von fern dringen unzählige andere Stimmen zu mir und gluckern wie ein Bächlein. Menschenstimmen und Menschengedanken stehen in der Luft, mit Mühe vermag ich einem Gespräch zu folgen. Es geht die Geschichte um, daß ein Stück Land verzaubert ist. Ein mächtiger, uralter Mann, ein Zauberer, der wie ein Bär aussieht, der Regen und Dürre machen kann, soll dort leben.

Mein Blick löst sich vom Wasserspiegel, mein Kopf weiß drei Dinge zur gleichen Zeit, die ich nur nacheinander denken kann. Gleichzeitig wächst in mir Neugier, wo dieses Land liegen könnte und wer dieser alte Mann ist. Gleichzeitig weiß ich, daß in meinem Land die Stimmen der Ferne nicht zu hören sind, in meinem Land leben nur meine Gedanken. Gleichzeitig weiß ich, daß hier heraußen die Zeit in einer anderen Weise vergangen ist.

Ich stehe auf und schlendere der Nachmittagssonne entgegen. Sie blendet meinen Blick, ich kneife die Augen zusammen und blinzle auf den Tierpfad. Es ist ein Pfad, der mich zum wiederholten Mal trägt, jedesmal bin ich ein anderer gewesen. Der Pfad macht aus den unterschiedlichen Wesen in meiner Gestalt eine Gestalt. Ich weiß, daß die drei Gedanken zusammengehören, sie sind zur gleichen Zeit aus einem Bild entstanden, sie sind ein Wesen in dreierlei Gestalt. Dieses Rätsel bedenkend erreiche ich den Bach, der die Grenze meines Landes bildet. Ich springe zum anderen Ufer und lande mitten im Wasser. Das läßt meine Gedanken zum Rätsel verstummen. Noch nie habe ich zu einem Sprung angesetzt und ihn nicht vollenden können. Als Ursache finde ich meine Gedanken, sie haben meinen Sprung abgelenkt. So gehe ich zurück ans Ufer und springe noch einmal, wieder stehe ich bis zu den Knöcheln im Bach. Meine eilenden Schritte nach vorne enden im

Nirgendwo, das Wasser spritzt, benetzt mein Gesicht, doch mein Land erreiche ich nicht.

Plötzlich weiß ich den Durchlaß. Ich laufe am Ufer des kleinen Baches entlang, hetze durchs Unterholz, klettere über gefallene Bäume und komme endlich zur südlichsten Quelle. Schon liegt der Sattel vor mir, ich sehe die Grasfläche auf dem Hügel des flachen Landes. Erst als ich vor den drei nebeneinanderliegenden Steinen stehe, kann ich verschnaufen.

In meiner Höhle schüre ich das Feuer und lausche in die Nacht. Da und dort knackt ein Ast, ein Raubvogel schreit, doch keines Menschen Stimme dringt in meinen Kopf. Wie eine verlassene Weide liegt mein Land um mich. Ich wende meine Gedanken gegen Westen, gehe bis zum Grenzbach und steige ihn entlang den Hang hinauf. Auf dem Hügel im flachen Land bleibe ich stehen. Er ist wieder ein mächtiger Gipfel geworden, höher als die Berge im Süden. Tief unten sehe ich die Feuer in den Siedlungen, ich sehe die Menschen als winzige dunkle Punkte, sie sitzen und gehen und sprechen, doch ich höre sie nicht. Ich steige zum kleinen Sattel hinunter und schließe das Gatter im feurigen Wall. Die Menschen und das Land dahinter verschwinden in dichtem Nebel.

Während des Essens überlege ich, wie ich es mir ermögliche, die Grenze an allen Punkten in beide Richtungen überschreiten zu können. Ich denke an Strickleitern und Sprünge von Baumkrone zu Baumkrone, dann laufe ich durch die Nacht zum Grenzbach. Ich zögere nicht, als ich das Wasser überquere. Mit dem Rücken voran gehe ich zurück in mein Land. Die Grenze gilt nur in eine Richtung.

Das zwölfte Kapitel, worin der hl. Pieslwang erzählt, wie er an der Fünfwegekreuzung sitzt.

Ein kühler Sommer wärmt das Land nicht, alles ist feucht und riecht modrig. Ich gehe den Hang hinauf und folge einem Pfad, den die Wildschweine geschaffen haben. Bald führt er an der Kante entlang, wo das flache Land zum kleinen Fluß abbricht. Kaum merkbar krümmt sich der Weg ein wenig nach Süden. Dann öffnet sich vor mir ein halber Krater, als wäre eine große Höhle eingestürzt, der steil abfallende Hang ist von hohem Gras bedeckt. Ich steige auf einem Tierpfad hinunter und stehe auf einer der dreizehn Lichtungen in meinem Land. Vier riesige Eichen begrenzen den von winzigen Büschen bewachsenen Platz. Die Wolken reißen auf und ein Sonnenstrahl trifft mich, er wärmt meine Haut durch die Kleider. So setze ich mich auf den bemoosten Stamm der fünften, vor langer Zeit gefallenen Eiche und genieße die Ahnung von Sommer.

Es freut mich, daß das an einem meiner Lieblingsplätze geschehen kann, den Fünfwegekreuzung genannt habe. Wer wie ich absichtslos durch den Wald streift, den Kopf voller Fragen und falscher Antworten, muß an so einem Platz anhalten. Der Weg, den ich soeben heruntergekommen bin, führt auf den Hügel im flachen Land. Dort geht der Blick über das von Horizont zu Horizont nebelbedeckte Draußenland, bis er den Schatten meines Körpers auf den Wolken entdeckt. Der Schatten spricht zu mir: Die Antwort auf alle Fragen bist du. Ginge mein Körper hinauf, verschwände die Sonne hinter Wolken und kein Schatten riefe mir Antwort zu.

Nehme ich den Weg in den lichten Buchenwald bis zu jener Stelle, da er sich im Dickicht verliert, bedeutet jeder weitere Schritt blutende Kratzer. Wieder einmal werde ich dort im lehmigen Hang stecken, wenn vorwärts und rückwärts zu gehen gleich mühsam erscheint. Nur die Vorstellung, daß irgendwo im Gestrüpp der Platz der Antworten versteckt sein könnte, läßt mich weiter dornige Ranken zur Seite drücken.

Der dritte Weg führt zur großen Lichtung am Fluß, die ich noch nie gemocht habe. Meine Gedankenaugen sehen die sumpfigen Stellen, wo Schwertlilien wachsen und Frösche springen. In kleinen Tümpeln vermodern von Hochwasser angeschwemmte Blätter. Dazwischen stehen Schilf, kleine Weiden und Haselgebüsch. Ein Hirsch schreckt auf und flieht. Mein Blick ist auf den Boden gerichtet und prüft, ob der Fuß auf festen Boden treffen wird. Das Gehen frißt die Gedanken, der sumpfige Boden schluckt Frage um Frage. Mir ist, als hätte ich nie eine gestellt. Mit einem abgebrochenen Ast rühre ich in einem dunklen Tümpel und warte, daß er eine Antwort aufwirbelt. Irgendwo im Gestank mag sie verborgen sein, es gilt, sie zu erriechen.

Der vierte Weg bringt mich an die Grenze meines Landes, die überschreitend ich in unbewohntem Wald stehe. Hundert und mehr Nächte bin ich dort gegangen, wo die Höhle mit den Gebeinen liegt. Ein Krieger, vom Blitz getroffen, ist vor der Höhle erwacht. Sechs Tage lang hat er geruht, am siebenten Tag aber hat er angefangen, die Höhle für den Winter vorzubereiten. Er hat den Eingang mit Steinen und Ästen verschlossen, bis nur mehr ein schmaler Durchlaß freigeblieben ist. Er hat Vorräte angelegt und einen Ofen gebaut. Der Himmel hat ihm einen Platz zugewiesen, dort ist er geblieben. An so einem Platz hat ein Leben gelingen müssen. Spuren davon sind in der Höhle zu finden.

Der fünfte Weg bringt mich zu meiner Höhle. Dort brennt das Feuer, das die Grenzen versiegelt. Ich könnte aufstehen, zum Ofen eilen und die Glut löschen. Mit einem Guß würde der Feuerring um mein Land verschwinden, ihre Gedanken und Worte würden über mich kommen und mir Antworten geben, die sie von ihren Müttern als Antwort bekommen haben. Ich könnte wählen und eine davon zu meiner Antwort machen. Sie wird meine Suche beenden, meinen Kopf versiegeln und mein Herz verhungern lassen.

Ich sitze auf dem Stamm einer mächtigen, gefallenen Eiche, die Sonne trifft mein Gesicht, neben mir steht dunkelgrünes Moos auf dem liegenden Baum. Vier Möglichkeiten bietet die Welt um mich, gäbe es einen sechsten Weg, fände sich eine fünfte Möglichkeit. Nur hier sind alle gleichzeitig, nur hier kann ich alle in Gedanken besehen. Erst die Wahl entscheidet über Erfolg oder Niederlage. Vielleicht aber findet sich genau hier eine Antwort. Die Sonne, hell wie ein Blitz, wird die Botschaft aus dem Himmel bringen. Ich schließe die Augen und starre sie durch die geschlossenen Lider an, bis sie mir schwarze Schleier in die rötliche Blendung bringt. Mir wird leicht im nach hinten gebogenen Kopf, mir wird hell bis ins Herz und die Wege verschmelzen mir zu einem Weg, der über die Wipfel führt. Wie ein Vogel gehe ich durch die Luft, der Boden aus Sternenstaub trägt mich. Ich öffne die Augen, um deutlicher zu erkennen.

Das flache Land liegt unter mir. Die Pfade leuchten wie Glut, ein rotes Netz durchzieht den Wald, jede der Maschen hält ein Tier gefangen. Ich sehe Rehe, Hirsche, Wildschweine, Hasen und Füchse in den Feuerkäfigen sitzen. Sie schließen die Augen und starren mich durch die geschlossenen Lider an. Ihnen wird leicht im nach hinten gebogenen Kopf, ihnen wird hell bis ins Herz und ihr Weg führt über die Wipfel. Wie Vögel gehen sie durch die Luft, der Boden aus Sternenstaub trägt sie. Sie öffnen die Augen, um deutlicher zu erkennen. Das flache Land liegt unter ihnen. Ihre Pfade leuchten wie Glut, unzählige rote Netze durchziehen den Wald, jede Masche hält eine Pflanze gefangen. Wir sehen Blumen, Gräser, Büsche und Bäume in den Feuerkäfigen. Die Hitze läßt sie verdorren.

Als wir ins flache Land hinuntersteigen, stehen wir auf verkohltem Holz. Die Rehe und Hirsche laufen hinunter zum kleinen Fluß, überqueren ihn und verschwinden im Wald. Die Wildschweine wühlen mit ihren Schnauzen in den Kohlen nach Resten von Eicheln und Bucheckern. Die Füchse stürzen sich auf die Hasen, nur wenige können sich durch rasche Flucht retten. Ich setze mich auf den verkohlten Stamm einer gefallenen Eiche, beuge den Kopf, öffne die Augen und starre ins Dunkel. Als nach einer Zeitspanne, die für zwei Nächte reicht, noch keine Dämmerung zu erkennen ist, stelle ich mir vor, ich säße auf einem Baumstamm an der Fünfwegekreuzung. Die Sonne steht tief, ich erhebe mich und gehe durch den von rötlichem Licht erhellten Wald zurück zu meiner Höhle.

Ich stehe mit dem Kessel voll Wasser vor dem Herd und will die Glut löschen. Mein Arm gehorcht mir nicht, er gießt das Wasser durch den schmalen Eingang der Höhle ins Freie. Ginge ich jetzt hinauf ins flache Land, fände ich Kohle, denke ich und weiß zur gleichen Zeit, daß das nicht stimmt. Ich schließe die Augen, stelle mir vor, daß soeben der Tag anbricht, und trete aus der Höhle. Die Sonne steht gelb im Osten, leichter Morgennebel schwebt über dem kleinen Fluß. Mein Blick geht über die schwarzen Baumreste, nur auf dem Hügel, den ich von hier noch nie habe sehen können, wächst saftiggrünes Gras. Ich steige über Kohlen und finde Knochen von Hasen, an denen winzige Fleischreste hängen. »Es ist mein Land«, denke ich trotzig. Schon im Herbst wird Gras wachsen, in ein paar Jahren wird man keine schwarze Stelle mehr sehen.

Wieder in der Höhle sitzend finde ich keine Fragen, sie sind mit dem Wald verbrannt. Mein Kopf ist voller Asche, aus der Antworten wie knapp hundert Grashalme wachsen werden. Heute bleibt mir nur, vor dem Herd zu sitzen und ins Feuer zu starren. Draußen ist es dunkel, doch das Sternenlicht reicht, um Holzprügel zum Nachlegen zu finden. Morgen werde ich Fallholz sammeln. Ich setze mich wieder zum Feuer und weiß, daß ich hier sitze, um auf die Morgendämmerung zu warten. Dann werde ich in der Lage sein, das zu tun, was mir hier zu leben ermöglicht. Alles andere ist Überfluß, jeder weitere Gedanke geht zu weit, jede falsche Antwort spiegelt falsches Wissen vor. Ich überlege, ob das der erste aus der Asche sprießende Antwortgrashalm ist. Da ich keine Antwort finde, werde ich müde und schlafe ein.

*

Das dreizehnte Kapitel, worin der hl. Pieslwang erzählt, wie er Wasser trinkt.

Wie alle Winter sitze ich am Herd, schaue in die Flammen und ruhe. Manchmal sehe ich im Feuer Bilder von Plätzen oder Menschen, manchmal erwacht mein Denken, manchmal hülle ich mich in den Bärenfellmantel und gehe hinunter zum kleinen Fluß. Manchmal esse ich, manchmal schlafe ich, manchmal träume ich, manchmal spreche ich mit den Flammen, mit dem Kupferkessel und mit meinem Mantel. Sie reden zu mir in ihrer Sprache, die ich nicht verstehe. Nur die Worte, die mir der kleine Fluß zuraunt, ergeben Sinn. Jedes Wasserschöpfen bringt eine Frage in meinen Kopf, jeder Schluck aus dem Kessel bringt eine Antwort. Wenn ich das Wasser ausgetrunken habe, sind die Rätsel und die Antworten in mir verschwunden.

Es ist ein kalter, sonniger Tag, als ich wieder einmal den Kessel ausgetrunken habe, in den Bärenfellmantel schlüpfe und den Hang zum flachen Land hinaufsteige. Lockerer Schnee liegt knöcheltief zwischen den Stämmen des lichten Waldes. Die kahlen Bäume und Büsche lassen mehr Platz für Pfade. Der Sommer schließt das Land, der Winter öffnet es den Menschen. So kann ich der Spur eines Hasen folgen, bis ich ihn einhole, er mich bemerkt und davonspringt. An einer Eibe schlage ich Wasser ab. Da fängt der Baum in der Sprache des kleinen Flusses zu sprechen an, verstümmelt höre ich Rätsel und Teile von Antworten. Ich muß lachen und schlendere weiter. Die Sonne bringt den Schnee auf den kahlen Ästen zum Schmelzen, Wasser tropft auf den Boden und auf meinen Kopf. Ich laufe in meiner Spur zurück zur Höhle, hole den Kessel und fange damit das Himmelswasser ein. Jeder Tropfen, der in den Kessel fällt, erzählt ein Wort, doch die Worte ergeben keinen Sinn. Als ein Schluck beisammen ist, trinke ich ihn. Erst als die sinkende Sonne zuwenig Kraft hat, um neue Tropfen zu erzeugen, senke ich den lange zurückgebeugten Kopf, stelle den leergetrunkenen Kessel in den Schnee und blicke mich um. Mein Schlendern hat mich an den Platz gebracht, wo der oft begangene Weg hinüber zum Hügel des flachen Landes ansteigt. Dreihundert Schritte südlich liegt in sumpfigem Gelände ein dunkler Tümpel, der Mittelpunkt meines Landes.

Ich stehe vor den von mir Eibenschwestern genannten Bäumen. Wieder muß ich Wasser abschlagen, wenig später beginnen sie zu sprechen. »Du hat genug gelernt!« sagt die eine zu mir und lacht. »Und hör bitte auf, unsinnige Antworten auf dumme Fragen zu suchen!« lacht die andere. Sie lachen immer lauter, lachen mich aus und ich werde wütend, trete der einen und dann der anderen gegen den Stamm. Das läßt sie noch lauter kreischen, sie brüllen vor Vergnügen und schütteln ihre grünen Zweige, daß mir der Schnee ins Gesicht fällt. »Jahrelang stellt er schon dumme Fragen!« japst die eine, und wieder brüllen sie, daß mir die Ohren dröhnen. Ich drehe den Kessel um und setze mich darauf, der kalte Schnee auf meiner Haut hat meinen Zorn gelöscht. »Da sitzt er und sieht uns fragend an!« lacht die andere, dann verstummen sie.

Ich sitze mit gesenktem Kopf auf dem Kessel und starre in den Schnee. Die Bäume stehen still, die Sonne versinkt hinter den kleinen Bergen im Westen. Langsam kriecht die Nacht heran, Sterne blitzen durch die kahlen Äste der Laubbäume. Meine Gedankenaugen verlassen mein Land nach Norden, schon bin ich über der Siedlung zwischen den Flüssen. Die Menschen haben sich um ein riesiges Feuer versammelt. Auf dem brennenden Scheiterhaufen liegt der Leichnam des verstorbenen Ältesten. Nachdem er verbrannt ist, stehen die Menschen in kleinen Gruppen beisammen. »Er ist erstochen worden!« sagen die einen, »Man hat ihn vergiftet!« glauben andere. Da heißt es, daß er sich selbst in die andere Welt begeben hat, dort spricht man davon, daß er zu oft von jenem Kraut gegessen hat, das ihn mit den Geistern hat reden lassen. Einer glaubt, daß er Opfergaben nicht verbrannt, sondern an fahrende Händler verkauft hat, in seinem Steinhaus soll ein Goldschatz vergraben sein. Später überlegen viele, wer sein Nachfolger sein wird.

Seine vier Schüler gehen in vier Richtungen auseinander. Ich sehe ihre Gedanken. Ich sehe, daß sie an die Durchführung ihrer Pläne schreiten. Ich sehe eine giftige Schlange aus fernen Ländern. Ich sehe einen blitzenden Dolch. Ich sehe drei Becher mit vergiftetem Obstwein. Ich sehe einen schweren Stein mit harten Kanten. Das Totenfeuer ist noch nicht erloschen, als die vier Männer im Licht des aufgehenden Mondes auf einer Lichtung unter einer Linde sitzen. Sie reden freundlich miteinander, beraten die Lage, einer schlägt vor, die Siedlung zwischen den Flüssen gemeinsam zu leiten. Irgendwann werden die Stimmen lauter, der eine oder andere wird unwillig, zeigt den seit zwei Tagen zu zeigen geplanten Zorn. Die vier Männer erheben sich. Einer versucht zu beruhigen und drückt jedem einen Becher mit Obstwein in die Hand. Kurz darauf bricht der Streit los, sie fallen übereinander her, einer hält dem anderen die giftige Schlange ans

Genick, während der auf den dritten mit dem Stein einschlägt. Einer sticht mit dem Dolch den Mann mit der Schlange, der als einziger überlebt, bis das Gift aus dem Getränk zu wirken beginnt. Am Morgen findet man die Schüler des Ältesten, am Abend brennt ein mächtiges Feuer. Auf dem Scheiterhaufen liegen vier Ermordete.

Die Menschen stehen ratlos und ängstlich da. Sie drängen sich um das Feuer, schauen in die Flammen und stellen Fragen. »Ein mächtiger Geist hat sie getötet!« vermuten die einen. Andere glauben, daß wilde Horden aus fernen Ländern im Wald sitzen, vor langer Zeit sind sie schon einmal durchs Land geritten und haben alles verbrannt. »Morgen, vielleicht aber in dieser Nacht, werden sie zu uns kommen!« schreit einer. Der Mann, der die Toten gefunden hat, versucht zu beruhigen. Er habe keine Spuren von Fremden oder Pferden auf der Lichtung gesehen. Wieder geht die Geschichte um, daß ein Stück Land verzaubert ist. Ein mächtiger, uralter Mann, ein Zauberer, der wie ein Bär aussieht, der Regen und Dürre machen kann, soll dort leben. Die Menschen zittern vor Angst und verstecken sich in ihren Hütten.

Ich sitze vor den Eibenschwestern auf dem Kupferkessel und hebe den Kopf. Der Mond schwebt hoch über mir, der Schnee wirft sein Licht zurück, und es ist hell wie an einem Nebeltag. Ich stehe auf. Noch immer gluckert ein Rest des Wassers in meinem Bauch, ein Teil davon frißt ein dunkles Loch in den Schnee. Wenig später beginnen die Bäume zu sprechen. »Was sitzt er noch da?« fragt die eine Eibe. »Er kennt nichts anderes!« antwortet die zweite. Sie fangen wieder zu lachen an. Ich nehme meinen Kessel und gehe, ihr Gekreisch verfolgt mich lange. Am kleinen Fluß schöpfe ich ein wenig Wasser, um damit meine Mahlzeit zu kochen. Vom Herd steigen mit dem Wasserdampf Antworten auf, Zeichen stehen in der Luft, sie vermischen sich und formen neue Zeichen, die irgendwann durch den Spalt des Höhleneinganges in den Wald hinaus verschwinden. Ich schüre das Feuer und lege dürre Zweige nach, daß es auflodert. Der Glutring um mein Land wird zu einer festen Wand aus Flammen, das Eis in den Grenzbächen schmilzt. Ich höre von draußen das Knacken, bis ich mich an das Geräusch gewöhnt habe und es vergesse.

Am Morgen umrunde ich zum ersten Mal seit langer Zeit wieder mein Land. Noch immer weiß ich jeden Schritt, deutlich spüre ich die Wärme der unsichtbaren Flammen zu meiner Linken. Auf dem Hügel angekommen, spüre ich, daß es wärmer geworden ist, der Schnee wird feucht. »Wie soll es weitergehen?« fragen mich Sonne, Wind, Schnee und Büsche. Ich verstehe die Frage nicht. Immer geht es weiter. Tag folgt auf Nacht, Sommer folgt auf Winter. Ich lebe in meinem Land, ich jage und sammle meine Nahrung, seit Jahren habe ich nichts mehr getauscht. Ich bin meine Fragen und meine Antworten, ich bin meine Vergangenheit und meine Zukunft. Ich gehe weiter, wie es weitergeht. Gestern hat das Wasser zu mir gesprochen und ich habe die Worte verstanden, morgen wird der Wind zu mir sprechen. Der Wind fährt mir zornig durchs Haar, und ich gehe in den lichten Wald meines flachen Landes, wo mich die Bäume vor ihm schützen.

Bei den Eibenschwestern will der letzte Wasserrest aus meinem Körper. Als ich mich erleichtert habe, warte ich lange darauf, daß sie zu sprechen beginnen. Sie bleiben stumm, nicht einmal der Wind läßt ihre Zweige rascheln.

Jetzt knacken Äste im Wald, das Geräusch stammt nicht von Hirschen, Rehen oder Wildschweinen. Ein Bär könnte dort drüben unterwegs sein. Vorsichtig schleiche ich weiter, wieder höre ich etwas. Im Augenwinkel erkenne ich eine Gestalt, schon ist sie verschwunden. Ich laufe los, jetzt sehe ich deutlich einen in Rehleder gekleideten Menschen. Ich rufe, laufe schneller, die Tochter der Dorfältesten dreht sich um und verschwindet hinter Büschen. Nirgendwo aber finde ich ihre Spuren.

In meiner Höhle lege ich Holz in die Glut und starre in die Flammen. Vor Jahren habe ich von einem Wiedersehen gesprochen, heute kann ich mir nicht erklären, warum ich mir dessen sicher gewesen bin. Eine Woche lang habe ich die damals offene Grenze nicht überschritten. Ich weiß nicht, was mich heute und morgen dazu bringen könnte, mein mit Flammen versiegeltes Land zu verlassen.

*

Das vierzehnte Kapitel, worin der hl. Pieslwang erzählt, wie man ihm ein Angebot macht.

Ich bleibe in meiner Höhle, oft gehe ich tagelang die drei Schritte zwischen Lager und Herd hin und her. Wenn ich mich hinlege, kann ich nicht einschlafen und stehe wieder auf. Wenn ich mich zu den Flammen setze, werde ich müde und lege mich auf mein Lager, wo ich nicht einschlafen kann. Ich weiß, daß ich traurig bin, und ich weiß, daß mich die Trauer müde macht. Ich weiß, daß ich etwas dagegen unternehmen möchte, und ich weiß, daß ich am liebsten sofort hinaufgehen und die drei Steine übereinanderlegen will. Ich weiß, daß das nicht sie, sondern einen mir unbekannten Boten zu mir bringen wird. Ich weiß, daß ich ihm keine Botschaft an sie ausrichten werde. Ich weiß, daß ich Geduld brauche. Ich weiß, daß mich ihretwegen die uns trennenden Gesetze traurig machen. Ich weiß, daß ich mein Land verlassen und mich unter ihr Gesetz stellen müßte. Gleichzeitig weiß ich, daß all das falsche Antworten sind. Es geht um etwas völlig anderes, auch wenn ich nicht weiß, worum es geht. Ich ärgere mich darüber, daß ich manchmal glaube, beinahe alles zu wissen. Der Ärger tut mir gut. Als ich das denke, verfliegt mein Ärger und die Trauer kehrt zurück, worüber ich mich wiederum ärgern muß. Dann ärgere ich mich über den Winter, über die Worte der Eibenschwestern, über den zornigen Wind und über ihr flüchtiges Bild. Wütend stampfe ich in der Höhle hin und her, bis ich müde geworden mich aufs Lager lege. Ich kann nicht einschlafen, stehe auf, setze mich vor das Feuer und bin wieder traurig. In die Trauer kommt mein Denken und all mein falsches Wissen, worüber ich mich ärgere. Ich springe auf und laufe aus der Höhle in den Wald.

Dunkle Wolken ziehen über mein Land, der Schnee ist geschmolzen. Ich sehe die winzigen Knospen der Frühlingsblumen, die Schneerosen sind schon aufgeblüht. Bald habe ich den östlichen Grenzbach erreicht. Das Bächlein hat sich drei Menschen tief in eine Senke gegraben, dahinter weitet sich das kleine Tal zu einem Becken. Ich spüre die Grenze nicht, springe über das Wasser und gehe ein paar Schritte über einen kleinen Hügel. Dort fließt der zweite Teil des gespaltenen Baches, den die unsichtbare Flammenwand entlangläuft. Die Insel ist mir noch nie aufgefallen. Ich gehe ihre Ränder ab und finde eine Stelle, an der das Wasser unter Felsblöcken verschwindet, um wenig später wie eine breite Quelle zutage zu treten.

Rund um mich gibt es nur grauschwarze Baumstämme, gefallene braune Blätter und dunkelgrünes Moos. Langsam drehe ich mich in der Wärme der dunklen Farben, mit vier Schritten vollende ich einen Kreis. Mein Land ist ein schönes Land. Ich schaue auf die braunen Blätter zu meinen Füßen. Es scheint, als habe sich mein Land gegen mich gerichtet. Die Eibenschwestern lachen mich aus, der Wind bläst mir zornig ins Gesicht, die Tochter der Ältesten will mich hinauslocken. Mein Nachdenken tut mir nicht gut. Ich erinnere mich an die Jahre, als ich gelebt habe, ohne irgendetwas zu bedenken. Damals ist alles einfach gewesen, Bilder, Jahreszeiten und Menschen sind gekommen und gegangen. Erst meine Fragen haben mir Zorn und Trauer gebracht, ich komme in Versuchung, die Zukunft zu planen. Die Gedanken machen aus Bildern Zeichen, die ich bedenke, wodurch neue Bilder entstehen, die neuerlich zu bedenken sind.

Ich beginne mich zu drehen, mit zwei Schritten vollende ich einen Kreis. Das Braun der Blätter und das Grauschwarz der Baumstämme verschmelzen, um mich wachsen die Wände eines dunklen Tunnels. Ich werfe den Kopf zurück, hoch über mir steht eine weiße Wolke und dreht sich mit mir. Über ihr dreht sich der Himmel, darin steht ein Freund, ein kreiselnder Stern. Ich muß wohl gestolpert sein, denn plötzlich spüre ich um mich Blätter, ein gefallener Ast liegt unter mir und drückt gegen meinen Rücken. Ich setze mich auf.

Außerhalb meines Landes kommen Menschen den Hang herunter. Ich zähle acht oder neun Frauen und Männer, die jetzt am Ufer des Grenzbaches stehenbleiben. Einer springt und landet im Wasser, er geht zurück, versucht es nochmals und wieder gelingt ihm der Sprung nicht. Ein anderer will es besser machen, auch er kann meine Grenze nicht überwinden. Ich sehe sie beisammenstehen und ihre Lippen bewegen. Einer nimmt einen Stock und wirft ihn herüber, sie beobachten den Flug. Da entdeckt mich eine Frau. Schon starren sie mich an, sie rufen etwas, wie ich aus ihren Gesichtern lese. Ich stehe auf, gehe langsam zum Bach und springe zu ihnen.

Erschrocken weichen sie zurück. Ich begrüße sie freundlich, um ihnen die unbegründete Angst zu nehmen. Bald reden sie durcheinander, nur mit Mühe verstehe ich, was sie mir sagen wollen: Sie seien auf der Suche nach mir an die Grenze des verzauberten Landes gekommen und hätten eine Bitte. Eine Frau berichtet von einem schrecklichen Unglück. Binnen weniger Tage seien in der Siedlung zwischen den Flüssen der Älteste und alle seine Schüler ums Leben gekommen. »Sie haben sich gegenseitig ermordet!« unterbreche ich und erzähle, was ich gesehen habe. Sie beginnen zu jammern, wieder reden sie durcheinander, bis die Sprecherin ihre Frage stellt: »Könntest nicht du unser Ältester sein?«

Ich muß lachen, da verändern sich ihre Gesichter. Zwei der Männer starren mich feindselig an. Vielleicht täusche ich mich in ihnen, vielleicht wollen sie mich als Ältesten holen und für ihre Zwecke verwenden? Ich rede, um Zeit zu gewinnen, spreche von einer schwierigen Aufgabe für einen Fremden und anderes belangloses Zeug, sie hören zu und warten, ihre Blicke drängen mich zu einer Antwort. Ich erkläre, daß es nicht möglich ist, irgendjemand als Ältesten einzusetzen. »Geht jetzt! In drei Tagen gebe ich euch Bescheid!«

Ich springe mit dem Rücken voran in mein Land und setze mich auf einen bemoosten Stein. Viele Fragen erwarten mich. Vor allem sollte ich Antworten darauf finden, warum diese neun Menschen zu mir gekommen sind, wenn sie doch ihren Blicken nach zu schließen mir nicht nur freundlich gesinnt sind. Erklärungen wachsen in meinem Kopf, die ohne Wissen über ihre Gedanken nicht weiterführen. Irgendwann beschließe ich, das Grübeln zu beenden, ich stehe auf und beginne, im lichten Wald des flachen Landes herumzugehen. Bald denke ich, daß ich in drei Tagen nicht zum Treffpunkt kommen werde. Sie werden dort stehen und warten, die Grenze zu überwinden versuchen und nach einer Nacht enttäuscht in ihre Siedlung zurückkehren. Dann wieder kann ich mir vorstellen, ihr Ältester zu werden und ihre Geschicke zu lenken. Es wird nur anfangs schwierig für mich sein, bald aber, dessen bin ich sicher, werden sie zu mir aufblicken und mich anerkennen. Beide Möglichkeiten schmecken schal. Während die Nacht hereinbricht und ich ohne Rast weitergehe, versuche ich andere Lösungen zu finden, je länger ich gehe, desto mehr Antworten fallen mir zu, bis sie mich verwirren und ich anhalte.

Ich stehe vor dem Gatter auf dem Sattel, öffne es und lasse mein Gedankenauge hinausfliegen. In der Siedlung zwischen den Flüssen haben sich die Menschen in ihren Hütten verkrochen. Viele haben Angst, das Beispiel der Schüler des Ältesten könnte Anlaß für neue Gewalttaten

sein. Ich höre von kleinen Gruppen, die die Leitung der
Siedlung übernehmen wollen. Dolche, Schwerter und
Bogen liegen griffbereit neben Nachtlagern. Drei reisende
Händler packen ihre Waren auf ein Floß und besteigen es
in der Nacht. Vier Männer schleichen in das Steinhaus des
Ältesten und durchwühlen es auf der Suche nach dem
Schatz. Mir wird kalt und ich schließe das Gatter rasch.
Bald muß eine Entscheidung fallen.

*

*Das fünfzehnte Kapitel, worin der hl. Pieslwang erzählt, wie
er sich entscheidet.*

Bis zum Abend gehe ich in meinem Land hin und her.
Kaum habe ich mich für eine Lösung entschieden, weiß ich
viele Gründe, warum es eine schlechte Lösung ist, und
mein Überlegen beginnt von Neuem. In der Nacht sitze
ich auf dem Hügel des flachen Landes und starre zum
Himmel, weder Mond noch Sterne leuchten durch die
Wolken, am Morgen beginnt es zu regnen. Der Wind raunt
mir keine Antwort zu, die Eiben bleiben stumm wie an
allen anderen Tagen. In der dritten Nacht lege ich mich auf
mein Lager und hoffe auf einen Traum. Als ich aufwache,
ist heller Tag, und ich kann mich an nichts erinnern.
Langsam gehe ich hinüber zur kleinen Insel im geteilten
Grenzbach und setze mich auf einen Stein. Mein Kopf ist
wie tot. Sogar der Versuch, einen Gedanken zu denken,
gelingt mir nicht. Da fährt kräftiger Wind durch die winzige Knospen tragenden, kahlen Äste, das Geräusch bringt
mir den Entschluß, vor sie hinzutreten und jene Lösung zu

verkünden, die mir im Augenblick des Sprechens auf der Zunge liegt. Wenn sie glauben, daß ich in der Lage bin, ihnen einen neuen Ältesten zu finden, erlöst sie mein Vorschlag, selbst wenn er mir nicht gefällt. Ich muß ihnen bloß zu irgendeiner Entscheidung verhelfen. Mit einem Schlag bin ich ruhig. Da sehe ich sie den Hang heruntereilen, es sind mehr als vor drei Tagen. Ich zähle siebzehn Menschen, dann erscheinen vier weitere an der Kante.

Ich springe auf, laufe zur Senke, wo sich der Bach teilt, verlasse dort mein Land, steige den steilen Hang hinauf und halte beim Stamm einer mächtigen Eiche. Ich beobachte sie, vielleicht zeigt sich jemand in der kurzen Zeit als geeignet. Wegen der Entfernung und der Bäume kann ich keine Gesichter erkennen. Ich denke an helle, freundliche Augen und kann sie mir an der einen oder anderen Gestalt vorstellen. Einige werden ungeduldig, ein junger, kräftiger Mann wirft Steine und Äste über den Bach auf die Insel, dann nimmt er einen gewaltigen Anlauf und springt mit aller Kraft. Das Wasser spritzt hoch, als er von der unsichtbaren Feuerwand aufgehalten wird und zu Boden fällt. Die Frau, die vor drei Tagen gesprochen hat, fängt zu rufen an: »Mächtiger Zauberer, hilf uns! Mächtiger Zauberer, hilf uns!«

Zwei Männer und eine Frau stehen ein wenig abseits und bleiben stumm. Ich frage mich, ob das vielleicht ein Zeichen von Eignung ist, als die dünn gewordenen Wolken aufreißen und die Sonne durchkommt. Ihr Licht trifft mich, jetzt mache ich mich bemerkbar. Ich trete mit aller Kraft gegen einen großen Stein, der am Rand des hier steil in den Kessel fallenden Hanges liegt, der Stein rollt hinunter, schlägt gegen einen Baumstamm und zerbricht. Sie verstummen, blicken herüber und sehen mich. Langsam kommen sie näher. Die in meinem Rücken stehende Sonne blendet sie, manche schließen die Augen. »Die Entscheidung ist gefallen!« höre ich mich sagen, und mein Mund beginnt zu erzählen:

»Als der Sommer zuende geht, bricht ein Stamm zur Wanderung auf. An einem großen Wasser im Süden, wo der Winter keinen Schnee bringt, wollen sie ihr Lager aufschlagen, dort werden ihre Tiere während der kalten Zeit genügend Futter finden. Sie kommen rasch voran, bis an einem warmen Tag im frühen Herbst weit vor ihnen das große Wasser zu sehen ist. Mit nur kurzen Nachtruhen eilen sie talwärts. Eines Morgens ist die Älteste verschwunden.

Der Stamm wartet drei Tage und Nächte auf ihre Rückkehr, man sucht nach ihr und findet keine Spuren. Ratlos hocken sie in den Nächten um die Feuer, bis die Hoffnung, die Älteste könnte vorausgegangen sein, sie aufbrechen läßt. Zwei Morgen später sind ihre beiden Schüler verschwunden. Wieder wartet man, wieder entschließt man sich zum Weitergehen. Am Fuß der Hügel voll dornigen Gestrüpps, durch das die Tiere zu treiben nicht möglich ist, errichten sie ein Nachtlager und beraten. Manche wollen einen Weg freihacken, manche wollen eine Schneise brennen. Weiters wird vorgeschlagen, einen Umweg zu gehen, hier das Winterlager aufzubauen, drei Tage zum kleinen Fluß zurückzuwandern und dort den Winter über zu bleiben, oder Kundschafter auszuschicken. Es bilden sich kleine Gruppen, die das eine oder andere Ziel bevorzugen.

Ein paar Männer nennen sich Kundschafter, steigen bewaffnet auf ihre Pferde und reiten los. Andere versuchen, einen Pfad durch das Dorngestrüpp zu schlagen, wieder andere legen ein Feuer. Nach einigen Tagen treffen sich alle im Lager. Ein freigebrannter und ein freigehackter Weg führen auf den ersten Hügel, einige berichten von Grasland am kleinen Fluß, die Kundschafter haben weit im Osten ein breites Tal entdeckt, das wahrscheinlich zum großen Wasser führt. Eine Frau ist verbrannt, zwei Kundschafter sind im Wald verschwunden, einer ist beim Umhacken der Dornenbüsche von einer giftigen Schlange gebissen worden. Man führt die Unglücksfälle als Gründe dafür an, warum das eine oder andere Vorhaben durchzuführen zu gefährlich ist.

In den Morgenstunden ist es bitter kalt, von den Bergen leuchtet der Schnee herunter. Die Tiere sind hungrig, die Menschen frieren. Den Tag über stehen sie herum, versuchen immer ungeduldiger, sich gegenseitig zu überzeugen, doch jeder beharrt immer stärker auf seinem Vorschlag. Manche drohen, sich vom Stamm zu entfernen und ihr Vorhaben alleine durchzuführen, gleichzeitig wissen alle, daß sie ohne die anderen verloren sind. Erst die Ereignisse der folgenden Nacht bringen die Entscheidung.

Heute Abend sollt ihr euch versammeln und allen in der Siedlung das Rätsel erzählen. Wer es lösen kann, wird wissen, was zu tun ist. Geht jetzt!«

Ich sehe fragende und enttäuschte Gesichter. Langsam wenden sie sich zum Gehen, ich schaue ihnen nach, bis sie im Wald verschwunden sind. Leicht wie vor vier Tagen laufe ich den Hang hinunter und springe mit dem Rücken voran zurück in mein Land.

*

Das sechzehnte Kapitel, worin der hl. Pieslwang erzählt, wie eine Katze zu ihm kommt.

Zur Zeit der kürzesten Tage verlasse ich in der Dunkelheit meine Höhle. Kalter Nebel hängt im feuchten Wald, ein heller Fleck zeigt die Stelle, wo der Mond steht. Ich folge dem Pfad entlang der Kante des flachen Landes und steige zur Fünfwegekreuzung hinunter. Mein Denken kreist um mein Denken. Ich will wissen, warum mir das Erwachen meines Geistes bloß Fragen gebracht hat, die ich nicht beantworten kann. Statt mich zu beruhigen, wächst mit den Gedanken der Zweifel an der Entscheidung des Himmels. Gedankenlos habe ich mir Grenzen geben lassen und selber Grenzen gezogen, nun sitze ich im Käfig aus unsichtbaren Flammenwänden.

Ohne darauf zu achten, nehme ich den Weg in den lichten Buchenwald bis zu jener Stelle, da er sich im Dickicht verliert. Jetzt braucht mein Gehen meine Aufmerksamkeit, mein Denken verfliegt, als hätte ich nie gedacht. Wieder einmal stecke ich im lehmigen Hang, wo vorwärts und rückwärts zu gehen gleich mühsam erscheint. Ich erreiche einen kleinen Absatz, ein winziger Teich, kaum fünf Schritte im Durchmesser groß, liegt vor mir, dürres Schilf wächst hell zwischen dunklen Baumstämmen. Die freie Wasserfläche ist schwarz. Ich gehe so weit, daß sich der verhangene Mond darin spiegelt, dann hocke ich nieder und warte. Vor langer Zeit habe ich geglaubt, daß im Dickicht ein Platz liegen könnte, an dem Licht in die hell gedachte, dunkle Welt kommt. Mein Blick in den Teich zeigt mir, daß das Licht nur aus einer richtigen Antwort kommen kann.

Selbst in der nebligen Dunkelheit erkenne ich, daß ich an einem der häßlichsten Plätze in meinem Land sitze. Schwache, kahle Bäumchen stehen um mich, Waldreben, die alles unter sich ersticken, überwuchern sie bis zu den Kronen. Der Tümpel riecht nach vermodernden Blättern. Kein Tier kämpft sich durch das Gestrüpp und nützt den Teich als Tränke, bloß Frösche quaken hier in den Sommernächten. Der Mond ist nach Westen gesunken, sein Spiegelbild hat den Tümpel verlassen. Es wird so dunkel, daß ich nur mehr die schwarzen Baumkronen vom dunkelgrauen Himmel unterscheiden kann. Langsam gehe ich weiter, wieder schieben meine aufgerissenen Hände dornige Ranken zur Seite. Irgendwo vor mir muß der südliche Grenzbach fließen. Als das Gebüsch lichter wird, spüre ich weichen Boden unter meinen Füßen. Manchmal sinke ich ein wenig im sumpfigen Gelände ein, beim Heben des Fußes schmatzt die Erde. Ich halte an, versuche ins Dunkel starrend einen Weg zu finden, doch alles wird noch schwärzer. Ich setze mich auf eine Wurzel, mein Rücken lehnt am glatten Stamm des Baumes, mein Kopf ruht mit dem Kinn auf den Handflächen, sein Gewicht wird über die Ellbogen auf die Knie der angewinkelt stehenden Beine abgestützt.

Ich lasse im Osten langsam die Sonne aufgehen. Ihre Strahlen fressen den Nebel, nur mehr wenige Schwaden hängen in den Ranken der Waldreben. Leichter Wind kommt auf und läßt das vor mir wachsende, winterdürre Schilf leise rascheln. Ich gehe durch den Sumpf, bis ich am Rand des Sees stehe. Baumstämme treiben am Ufer. Ich binde sie mit einem Strick aus meinem Tragsack zu einem Floß, mit einem langen Ast kann ich es im seichten Wasser bewegen. Als die Sonne am höchsten Punkt steht, habe ich die südöstliche Ecke des Sees erreicht. Nicht weit von hier liegt eine kleine Insel, die durch einen schmalen Wassergraben vom Land getrennt ist. Ich lege an und steige durch Gebüsch zu einem grasbewachsenen Flecken hinauf. Auf dem Rücken liegend sehe ich in der Ferne hohe, in dunkle Wolken gehüllte Berge. Im Westen zieht ein Unwetter auf, bald bläst kühler Wind, schwere Regentropfen fallen auf mich. Es fängt zu hageln an, Blitze fahren vom Himmel, Donner rollt über die weite Wasserfläche. Ich eile ins dichte Gebüsch, als mich ein Schlag trifft und ich zu Boden stürze. Erwachend sehe ich die Sonne im Osten. Ich finde mich im Eingang einer Höhle. Noch liegend greife ich nach den Vorräten in meinem Bärenfellsack, bald kaue ich hartes Fladenbrot und getrocknetes Fleisch. Langsam erwachen meine Glieder, vor allem das linke Bein schmerzt.

Jetzt erst kann ich mich an den Schlag erinnern, mehr fällt mir zu meinem Leben nicht ein. Nur langsam sehe ich Bilder des letzten Tages: am Ufer treibende Baumstämme, ein Floß, das ich mit einem langen Ast durchs flache Wasser schiebe, eine kleine Insel, die bloß durch einen schmalen Wassergraben vom Land getrennt ist, ein grasbewachsener Flecken, in dunkle Wolken gehüllte Berge. Ich weiß nicht mehr, was mich über den See getrieben hat, ich verstehe nicht, warum ich monatelang gedacht habe. Eine verwilderte Katze kommt zu mir in die Höhle, setzt sich neben mich und sieht mich lange an. Ich gebe ihr ein Stück Fleisch und beobachte sie beim Fressen. Nicht eine Sekunde will ich grübeln, nicht einen Gedanken an eine vergessene Vergangenheit will ich verlieren.

Ich stehe auf, gehe hinunter zum Ufer und wasche im eiskalten Wasser Gesicht und Hände. Mein Floß ist verschwunden, der Sturm wird es weggetrieben haben, doch ich trauere ihm nicht nach. Ich weiß, daß ich hier bleiben werde. Noch vor Einbruch der Dunkelheit schlafe ich tief, als gälte es, den müden Kopf auszuruhen. In der Nacht bemühe ich mich, ein Feuer zu entfachen. Stundenlang reibe ich den Zunderschwamm, endlich kriecht ein Glutfünkchen über ein trockenes Buchenblatt. In viel kürzerer Zeit bin ich über den schmalen Wassergraben gesprungen, habe drüben im Wald einen Hasen erlegt und ihm das Fell über die Ohren gezogen. Die Katze kommt wieder zu Besuch. Wir sitzen am Feuer und sehen dem Fleisch beim Garen zu. Sechs Tage lang ruhe ich, am siebenten Tag aber fange ich an, die Höhle für den Winter vorzubereiten.

Bald sind zwei Monde vergangen, die Sonne hat ihren tiefsten Punkt überschritten und noch immer ist es mild. Zum ersten Mal streife ich absichtslos durch das Gebüsch der Insel. Zum ersten Mal besehe ich den Platz, wo mich der Schlag getroffen hat. Eine kleine Buche ist in zwei Hälften gespalten, halb steht sie aufrecht, halb liegt sie im Hang. Ich stelle mich dorthin, wo ich nach meiner spärlichen Erinnerung an jene Nacht gestanden sein muß, und erkenne, daß mich nicht ein Ast des auseinanderbrechenden Baumes getroffen hat. Es ist die Macht des Blitzes gewesen, die mich zu Boden geworfen hat. Der Himmel hat meinem Fragen ein Ende gemacht. Da bin ich mit einem Schlag froh wie nie zuvor.

Einmal höhle ich einen Baumstamm durch Feuer aus, schnitze ein Paddel und fahre jeden Abend über den See. In der Dämmerung lege ich an und streife stundenlang durch die Wälder. Im Hang jenes Tals, durch das der kleine, aus dem See gespeiste Fluß rinnt, entdecke ich eines Morgens eine Höhle. Ich finde keine Bärenspuren und trete in den dunklen Raum. Als sich meine Augen an das Dämmerlicht gewöhnt haben, erkenne ich einen steinernen Ofen und einen Haufen aus Steinen, die von der Decke gestürzt sind. Ein Dolch, ein Schwert und ein Bogen aus Eschenholz ragen heraus. Vorsichtig trage ich den Haufen ab und nehme die Waffen. Jetzt erst sehe ich die unter weiteren Steinen liegende Leiche, erschreckt laufe ich ins Freie. Als ich in meinem Baumboot sitze, fällt mir folgende Geschichte ein: Ein Mann wird von einem Blitz getroffen und erwacht vor einer Höhle. Sechs Tage lang ruht er, am siebenten Tag aber fängt er an, die Höhle für den Winter vorzubereiten. Er verschließt den Eingang mit Steinen und Ästen, bis nur mehr ein schmaler Durchlaß freibleibt. Er legt Vorräte an und baut einen Ofen. Der Himmel hat ihm einen Platz zugewiesen, also bleibt er dort. An so einem Platz muß ein Leben gelingen.

*

Das siebzehnte Kapitel, worin der hl. Pieslwang erzählt, wie er einen Fischreiher beobachtet.

Abend für Abend gehe ich mit meiner Katze zum Wassergraben. Ich springe mit ihr von der Insel, lasse sie in den Wald laufen, dann steige ich in mein Boot und fahre über den See. Manchmal lenke ich in seine Mitte, lege mich auf den Rücken und sehe den Sternen zu, wie sie sich im Kreis drehen. Manchmal steuere ich am Ufer entlang, an mir gleiten Wald und sumpfige Stellen vorbei. Manchmal lege ich an und streife durch die Wälder. Gerne paddle ich zu jener Stelle, wo aus dem See der kleine Fluß entspringt. Dort lasse ich das Boot auf die breite Sandbank laufen, ziehe es nach dem Aussteigen noch ein Stück weiter hinauf und folge dem Tal.

Eines Nachts erreiche ich eine fast senkrechte Felswand, unten rauscht ein Bach. Ich gehe den Abbruch entlang, steige einen kurzen Hang hinunter und betrete ebenen Auwald. Der Bach hat eine Halbinsel aus grobem Schotter in das hier breite Flußbett hinausgeschwemmt. Ich laufe den Bach aufwärts. Das anfangs tief eingeschnittene Tal weitet sich zu einem Kessel, ich klettere an dessen Ende über eine Steilstufe, bald geht es wieder flacher dahin. Der Mond steht tief, als ich eine der Quellen erreicht habe. Nicht weit davon liegt ein kleiner Sattel, auf einem breiten Rücken komme ich westwärts gehend ans Ufer des Sees. Vor mir liegt der Wassergraben, der meine Insel abtrennt, meine Katze empfängt mich mit leisem Miauen.

In der folgenden Nacht lege ich den Weg in der Gegenrichtung zurück. Immer wieder scheint mir, als wüchse aus der Mitte des Bachs eine feurige Wand. Wenn ich aber meinen Kopf drehe und hinsehe, ist davon nichts zu erkennen. An der Stelle, wo der Bach in den kleinen Fluß mündet, springe ich mit dem Rücken voran über das Wasser. Später erst, ich bin schon weit am Flußufer aufwärts gegangen, kann ich mir nicht erklären, warum ich das getan habe, wie ich auch nicht weiß, warum ich jetzt einen Seitenbach entlanggehe. In der Morgendämmerung stehe ich auf einem kleinen Sattel, meine Katze begrüßt mich und läuft mir voran zum Wassergraben. Erst als ich mich ans Ufer des Sees halte, gelange ich zu meinem Boot. Während der Rückfahrt überlege ich, wie meine Wanderungen und die Lage des großen Wassers zusammenpassen. Der kleine Fluß kommt aus meinem See, gleichzeitig fließt er westlich daran vorbei. Außerdem scheint es, als liege die Wasserfläche auf einem großen Hügel.

Am Abend eines sonnigen Frühlingstages breche ich auf. Ich springe über den Wassergraben, gehe hinüber zur Quelle und folge dem Bach talwärts. Als ich am oberen Rand des kleinen Kessels angekommen bin, sehe ich unten eine Feuerstelle, um die drei Personen sitzen. Die Fremden begrüßen mich freundlich. Eine Frau stellt sich als Älteste der Siedlung zwischen den Flüssen vor. Einer ihrer Begleiter gibt mir einen Fellsack, in dem Geschenke für mich verpackt sind. Sie bedankt sich für meine Hilfe. Es hätten zwar noch zwei andere das Rätsel gelöst, sie aber habe binnen kurzer Zeit die Händler und die Jäger dazu bringen können, sie zu unterstützen. Dann verschwinden sie und ihre Begleiter in der Dunkelheit. Ich werfe den Sack, der neue Kleider aus Rehleder und einen wunderschönen Dolch enthält, über meine Schulter und setze meinen Weg fort. Im Gehen versuche ich mich zu erinnern, wann und wie ich diesen Menschen geholfen habe, doch die Antwort bleibt im Vergessen verborgen.

Drei Nächte später zeichne ich meine Wege entlang des Flusses und der Bäche in den Sand meiner Höhle. Wenn ich die Zeichnung mit dem See beginne, entsteht eine andere Landkarte, als wenn ich von der Mündung des kleinen Baches ausgehe. Es ist, als lägen zwei Länder übereinander auf dem gleichen Boden. In meinen Überlegungen komme ich zum Schluß, daß der See über einem flachen Land liegen muß, das mit lichtem Wald bewachsen ist. Ich finde viele Erklärungen, doch keine läßt sich denkend beweisen. Zwei Wirklichkeiten bestehen zur gleichen Zeit an einem Platz, was ich mir nicht vorstellen kann. Der See und die Flüsse bleiben mir ein Rätsel. Ich versuche ein Loch zu graben, bis ich den unter mir liegenden Wald sehen kann, bald aber gebe ich auf.

Eines Abends fühle ich mich müde und schwer. Als mich die Katze aufweckt, steht die Sonne bereits hoch am Himmel. Ich gehe zum kleinen Fluß hinunter, um mir im kalten Wasser Hände und Gesicht zu waschen. Zwischen den Büschen wachsen Frühlingsblumen, ich kann mich nicht mehr erinnern, was ich den Winter über getan habe. Vielleicht aber bringe ich die Jahreszeiten der hier gelebten Jahre durcheinander, Vergangenheit und Gegenwart sind mir zu einem Augenblick verschmolzen. Nach einer kräftigen Mahlzeit gehe ich hinauf und laufe durch den lichten Wald des flachen Landes. Manchmal ist mir, als hörte ich meine Füße in Wasser tappen, doch es ist nur das Rascheln des alten, trockenen Laubes auf dem Boden. Am Fuß des Hügels im flachen Land liegt ein durch Feuer ausgehöhlter Baumstamm. An einem Sommertag werde ich zum großen See im Westen aufbrechen, dort werde ich im tiefen Wasser so lange schwimmen, bis meine Arme müde sind, denke ich.

Der durch Schmelzwasser geschwollene kleine Fluß hat einen Teil der Schotterbank an der Mündung des Grenzbaches weggeschwemmt, sie bricht steil in das tiefe Wasser ab. Die Sonne scheint heiß wie im Sommer, ich werfe meinen Fellsack auf die Steine, lege mich darauf und schaue ins Wasser. Mir ist, als läge ich im Bug eines langsam dahinziehenden Bootes. Unten stehen große Fische, Krebse bewegen sich auf dem sandigen Boden. Meine Fragen und Antworten kehren in meinen Kopf zurück, ich weiß nicht, wie lange ich schon darauf vergessen habe, neue Fragen zu stellen. Ein anfliegender Fischreiher löscht mein Denken.

Der Vogel landet am gegenüberliegenden, flachen Ufer, stelzt langsam ins Wasser und bleibt regungslos stehen. Plötzlich stößt er den Kopf ins Wasser, hebt ihn wieder und ich sehe einen zappelnden Fisch rechts und links aus dem Schnabel hängen. Der Reiher taucht ihn mehrmals in den Fluß, als würde er ihn waschen. Dann wirft er den Fisch mit dem Schnabel in die Luft und fängt ihn so auf, daß er mit dem Kopf voran in seinen Schlund rutscht. Ich sehe, wie eine Verdickung langsam den Hals des Reihers hinuntergleitet, dann hat er den Fisch verschluckt. Er steht noch eine Weile ruhig, ehe er mit den Flügeln schlägt und über den Bäumen verschwindet.

Unter mir liegt im Wasser mein Spiegelbild und sieht mich traurig an. Der Fluß murmelt mir zu, daß es so nicht weitergehen kann. Ich blicke hinüber zu den Stämmen der Weiden, deren Wurzeln das Ufer des kleinen Flusses bilden. Hell liegt auf dem dunklen Spiegel im Schatten der Bäume das Spiegelbild der Tochter der Dorfältesten. Sie sitzt auf einem Bärenfell neben dem Fluß, pflückt eine Blume und verschwindet mit ihr im Wasser. Ohne zu überlegen, stehe ich auf. Ich trage den Fellsack und die Essensvorräte zurück in die Höhle, laufe hinauf ins flache Land und quere den lichten Wald. Am Fuß des Hügel entdecke ich im Gebüsch eine kleine Höhle. Als sich meine

Augen an das Dämmerlicht gewöhnt haben, sehe ich einen Ofen und einen Haufen aus Steinen, die von der Decke gestürzt sind. Darunter liegt eine vertrocknete Leiche, die in ein zerfallendes Bärenfell gekleidet ist. Erschreckt laufe ich ins Freie.

Ich setze mich ins junge Gras und weiß, daß es zuwenig ist, auf einem Platz sitzen zu bleiben. Also stehe ich auf, lege die drei Steine übereinander und laufe zurück zu meiner Höhle. Bald wird etwas geschehen.

*

Das achtzehnte Kapitel, worin der hl. Pieslwang erzählt, wie er über den See fährt.

Siebzehn Tage lange warte ich auf das Erscheinen eines Boten. Ich weiß, daß ich mich gedulden muß, habe ich doch seit Jahren das Zeichen nicht ausgelegt. An einem regnerischen Tag im späten Frühling laufe ich hinüber zum Hügel des flachen Landes. Ich sehe nach, ob ein Tier die Steine umgestoßen hat, finde sie aber unberührt. Langsamer gehe ich durch den lichten Wald und komme am schilfumwachsenen Teich in der Mitte des flachen Landes vorbei. Später öffnet sich vor mir ein halber Krater, als wäre eine große Höhle eingestürzt. Ich steige den Hang hinunter und stehe an der Fünfwegekreuzung. Auf dem bemoosten Stamm der fünften, vor langer Zeit gefallenen Eiche sitzend, schaue ich in den Wald. Den ersten Weg bin ich gekommen. Der zweite Weg hat mich in der Winternacht zu einem kleinen Teich im Dickicht gebracht. Der fünfte Weg wird mich am Abend zu meiner Höhle zurückbringen. Der dritte und der vierte Weg bleiben mir jetzt zur Wahl. Da ich nicht schon wieder in einer Höhle die vertrocknete Leiche eines Einsiedlers, der ein geglücktes Leben geführt hat, finden will, muß ich heute der Spur der Hirsche folgen, die vom flachen Land hinunter zur Lichtung am Fluß gehen, um Wasser zu trinken.

Oben am Hang erscheint eine Gestalt. Ich erkenne, daß sie in Rehleder gekleidet ist, dann sehe ich das Gesicht der Tochter der Dorfältesten. »Du hast einen schönen See!« lacht sie mich an und läuft zu mir. »Wir könnten im Sommer um die Wette schwimmen. Ich glaube, ich bin schneller als du!« Mit einem Schlag bin ich fröhlich wie seit Jahren nicht, trotzdem muß ich wissen, warum sie in mein Land gekommen ist. »Meine Mutter ist in diesem Winter gegangen, jetzt bin ich die Älteste. Für sie hat die Grenze nie gegolten, also gilt sie für mich nicht. Mir gefällt deine Feuerwand, vor der alle anderen Angst haben. Ich habe gesehen, daß sie nur eine Richtung hat und bin einfach mit dem Rücken voran über den Bach gesprungen!« – »Du meinst, daß zwischen uns keine Grenze mehr verläuft?« frage ich zweifelnd. »Zwischen unseren Wäldern gibt es für uns keine!«

»Fahren wir mit dem Boot!« schlage ich vor, und schon läuft sie den Hang hinauf. Auf einem schmalen Tierpfad queren wir das Schilf. Am Ufer liegt ein durch Feuer ausgehöhlter Baumstamm. Sie setzt sich ins Boot und nimmt das Paddel, ich springe vor ihr hinunter, durch den Schwung schwankt der Baumstamm und treibt auf den See hinaus. Mit kräftigen, fast lautlosen Schlägen beschleunigt sie die Fahrt. Leichter Wind aus dem Süden läßt winzige Wellen gegen das Boot schlagen, sie gluckern hell, als lache das Wasser um uns. Die Sonne strahlt warm wie im Sommer. »Warum bist du gekommen?« wiederhole ich meine Frage. »Aus Neugierde!« höre ich ihre Antwort, die mir zu rasch gekommen ist. »Ist deine Neugier befriedigt?« frage ich. Sie legt das Paddel vor sich auf das Boot und erzählt:

»Gestern hat ein Händler aus der Stadt erzählt, du hättest die neue Älteste der Siedlung zwischen den Flüssen bestimmt. Ich habe mir das nicht vorstellen können, habe weitergefragt und die Rätselgeschichte gehört. Es hat mir gefallen, daß du ihnen auf diese Weise geraten hast, ihre Lage selbst zu lösen. Genau dazu aber sind sie nicht imstande gewesen. So hat dein Rätsel bloß jene Frau zur Ältesten werden lassen, die die Stärksten und Mächtigsten der Siedlung auf ihre Seite hat ziehen können. In Wahrheit ist sie Dienerin der Jäger und Händler, sie hat keine Ahnung davon, was es heißt, Älteste zu sein.

Ich bin gekommen, um nachzusehen, ob dein Blick für die Welt um dich unklar geworden ist. Du hast dich von ihnen bedrängen lassen. Nun glauben viele, der mächtige Zauberer habe eine Älteste eingesetzt. So werden sie lange nicht sehen können, daß die Stärkeren aus dem Verborgenen bestimmen.«

Ich nehme das Paddel und treibe das Boot über den See. Ich erinnere mich an die Tage, da ich mich auf der Suche nach einer Lösung bloß in Fragen verloren habe. »Ich will nichts anderes, als mein Leben in Ruhe in meinem Land verbringen. Sie haben sich aufgedrängt, sie haben mich um etwas gebeten!« sage ich ärgerlich und schlage mit dem Paddel so fest ins Wasser, daß mir die kalten Tropfen ins Gesicht spritzen. Sie lacht: »Du lebst seit Jahren alleine und hast keine Ahnung, wie es ist, in einer Siedlung zu leben. Du weißt auch nicht, was es bedeutet, Ältester zu sein. Also gebe ich dir den Rat, in Zukunft nur einen Rat zu geben, wenn du von der Sache etwas verstehst!«

Schweigend paddle ich, bis das Boot auf Grund läuft. Meine Katze empfängt mich und läuft zur Höhle, wir gehen durch das Gebüsch hinauf zum freien Platz. »Ich könnte so einen See und die Flammenwand nicht errichten!« stellt sie wie als Trost fest. »Glaubst du, daß mich der Schlag des Himmels so weit von den Menschen hat entfernen wollen?« frage ich etwas, das ich bereits im Aussprechen als sinnlose Frage erkenne. Also rede ich rasch weiter: »Die Grenze und der See sind von selbst entstanden.« Wieder lacht sie mich an, mein Gesicht läßt sie ernst werden. »Es wird Zeit, daß du dich in deinem Käfig zu bewegen anfängst. Du trittst auf der Stelle!«

Sie springt auf mich zu, reißt mir den Tragsack von der Schulter und läuft den Hang hinunter. Ich bin so überrascht, daß ich stehen bleibe. »Hol ihn dir!« ruft sie. Ich höre ihre Schritte und das Knacken der auf dem Waldboden liegenden Äste und eile den Geräuschen nach, den Hügel hinunter und durch den lichten Wald des flachen Landes. In der Nähe der Eibenschwestern lockt sie mich wieder durch einen Ruf, unser Abstand hat sich vergrößert. Ich laufe, so schnell ich kann, glaube sie vor mir zu sehen, doch ihr nächster Ruf kommt aus der Ferne. Im kleinen Kessel angekommen finde ich nur meinen Fellsack auf einem großen Stein. »Du hast verlernt, dich zu bewegen!« ruft sie den Hang herunter, und ich bleibe an der Grenze stehen. Am Rückweg zu meiner Höhle versuche ich dahinterzukommen, welche List sie benutzt hat, um mir davonlaufen zu können. Ich bin zweifellos schneller als sie, auch kenne ich jede Lücke im Dickicht. Das Rätsel aber kann ich nicht lösen.

*

Das neunzehnte Kapitel, worin der hl. Pieslwang erzählt, wie er einen Berg besteigt.

Mit dem Tag, da mich die Älteste meiner Nachbarn besucht hat, bricht ein Frühling an, in dem die Sonne wie im Sommer vom Himmel brennt. Selbst die häufigen Unwetter können die Hitze nicht mildern. Immer öfter führen mich meine nächtlichen Streifzüge in die kühle Schlucht des östlichen Grenzbaches. Ich klettere in den steilen Hängen auf und ab, entdecke viele kleine Höhlen und einen Fuchsbau, an dem ich über zehn Eingänge zählen kann. Unzählige Vögel haben ihre Nester in den Baumkronen der Schlucht. Wild schläft in kleinen Mulden und Nischen des engen Tals, es liegt im dichten Nebel versteckt, der nach Regengüssen in der Schlucht steht. An einigen Stellen stürzt das Wasser über quer durch die Schlucht laufende Felsrippen und gräbt Wannen mit steinernen Wänden in den Boden. In einer sitze ich eine Weile, sehe dem Mond zu, wie er hinter den Baumstämmen vorbeizieht, oder beobachte Rehe beim Wassertrinken.

Als ich an jene Stelle komme, wo der Hang zurücktritt und einen breiten Einschnitt sich auftun läßt, der sich dem von oben Kommenden als Senke im flachen Land darstellt, bricht ein Unwetter los. Ich flüchte den steilen Hang hinauf und setze mich auf den trockenen Kies einer Höhle. Die bald nahen Blitze erhellen das Innere des Raumes. Zuerst sehe ich rechts von mir einen steinernen Ofen, dann einen Haufen aus Steinen, die von der Decke gestürzt sind. Der Arm einer vertrockneten Leiche, die in ein zerfallendes Bärenfell gekleidet ist, ragt unter den Brocken hervor. Erschreckt laufe ich in den Regen hinaus. Während ich zum flachen Land hinaufeile, fällt mir folgende Geschichte ein: Ein Mann wird von einem Blitz getroffen und erwacht vor einer Höhle. Der Himmel hat ihm einen Platz zugewiesen, also bleibt er dort. Die Frage bleibt offen, ob an so einem Platz ein Leben gelingen muß.

Als der Regen nachläßt, wird das Rauschen des kleinen Flusses neben mir deutlich hörbar. Ich eile im Tal hinauf, bald werde ich zur Schotterbank am Ende des Sees kommen. Immer größere Felsen versperren mir den Weg, immer wieder muß ich über kleine Felsvorsprünge klettern. Neben mir stürzt ein Wasserfall, an den ich mich nicht erinnern kann. Längst schon sollte ich die obere Kante des Hanges zum Grenzbach erreicht haben. Langsamer steige ich neben dem nun schmalen Bach durch lichten Lärchenwald, später wachsen um mich dunkle Latschen. Im Morgengrauen stehe ich auf dem Hügel des flachen Landes und blicke weit übers Land. Ich sehe die Täler, Gipfel und Schneefelder des Gebirges von oben, unbekannte Berge aus dunklem Gestein liegen noch weiter südlich.

Aus der Siedlung der Nachbarn und der Siedlung zwischen den Flüssen leuchten Feuer wie rote Pünktchen zu mir herauf. Zwischen ihnen und mir liegen meine Grenze, ein See und ein Berg. Drei Länder trennen uns, drei Länder, in denen ich heimisch bin und die sie nie betreten können.

Während im Osten das Licht zu hellem Blau wird, in das die schon jetzt sommergelbe Sonnenscheibe wächst, sehe ich mich durch meine Länder laufen und schwimmen. Ich finde einen Eingang in ein unterirdisches Höhlenreich voller Öfen und Steinhaufen, darunter liegen hunderte, nach geglückten Leben verstorbene Männer. Durch einen weiteren Gang komme ich in ein Land voll ewigen Eises. Ans Tageslicht zurückgekehrt finde ich ein Land voller Sümpfe, in dem ewiger Sommer herrscht. Ich werde ein Land nach dem anderen erschaffen, bis sich eines Tages Felsbrocken aus der Decke meiner Höhle lösen und mich, den Herrn über neunzehn und mehr Welten unter sich begraben.

Die hoch stehende Sonne brennt heiß, aus der Ferne höre ich ihren Ruf: »Du trittst auf der Stelle!«, als stünde sie jetzt am Fuß des Berges, die Hände wie einen Trichter um den Mund gelegt. Ich springe auf und laufe den Hang hinunter. In der Mulde unter dem Gipfel steht eine fremde Stadt. Ich gehe durch enge, mit Steinen gepflasterte Straßen zwischen steinernen Häusern, wie ich sie mein Leben lang nicht gesehen habe. Weder Mensch noch Tier spähen durch eine der Ritzen in den hölzernen Fensterläden. Als ich durstig werde, trinke ich aus einem Brunnen auf einem kleinen Platz. Bis in die Abenddämmerung spaziere ich durch die Straßen aus Stein, doch ich erreiche weder die Stadtmauer noch ein Stadttor. Als es dunkel wird, klopfe ich an eine der Türen. Da niemand antwortet, drücke ich den hölzernen Türflügel auf und trete in das Haus. Der Raum sieht wie meine Höhle aus, eine Katze, die meiner Katze gleicht, begrüßt mich und reibt sich an meinen Beinen. Im Ofen ist noch ein wenig Glut. Ich gehe hinaus in den Wald und hole einen Arm voll Holzprügeln, dann falle ich müde auf mein Lager.

Als ich erwache, bin ich fiebrig heiß. Mich fröstelt, obwohl draußen die Sonne hoch am Himmel steht und die Luft warm ist wie an all den Tagen dieses Frühlings. Zitternd schleppe ich mich zum Herd, um nachzulegen, dann falle ich wieder aufs Lager und schlafe ein. Einmal ist mir, als ob die Älteste der Nachbarn neben meinem Lager stünde und mir etwas zu trinken gäbe. Dann wieder bin ich von Weltenschöpfern umringt, die von herabstürzenden Steinen erschlagen in meiner Höhle vertrocknen. Ich spüre einen Schlag auf meinem Kopf und falle ins Schwarze.

Irgendwann stehe ich auf, gehe durch den heißen Frühlingstag hinunter zum Fluß und bade, zwei Tage später fühle ich mich kräftig wie in den vergangenen Jahren. Die Krankheit ist vorüber, ich weiß, daß ich kein neues Land erschaffen werde. Langsam packe ich meinen Fellsack mit Vorräten, nehme ihn auf die Schultern und verabschiede mich von meiner Katze. Es wird gerade dunkel, als ich durch den kleinen Fluß wate.

*

Das zwanzigste Kapitel, worin der hl. Pieslwang erzählt, wie er einen Bären erlegt.

Am zweiten Tag meiner Wanderung stehe ich am Ufer des großen Sees. Neben mir ragt der kantige Berg in den Himmel, den ich vom Hügel im flachen Land aus gut sehen kann. Ich schwimme weit hinaus, lange treibe ich auf dem Rücken und starre ins Himmelsblau. Der Himmel verändert sich nie. Er ist bei Regenwetter immer grau, in der Nacht immer schwarz, bei Sonnenschein immer blau. Der Mond und die Sterne ziehen immer auf den gleichen Bahnen. Bäume und Büsche grünen und blühen, bringen Früchte hervor und werfen im Herbst alles ab. Die Tiere gehen Tag für Tag zur gleichen Zeit auf den gleichen Wegen. Nur ich stelle Fragen. Jahrelang hat mein Leben bedeutet, daß ich bin. Der Wind hat mir Fragen und Unruhe gebracht, aus meiner mir vom Himmel geschenkten Ruhe ist ein Weg geworden. Das Gewesene und das Zukünftige haben sich aus den Augen verloren. Für Tiere, Pflanzen, Erde und Himmel genügt es, zu sein. Nirgendwo entdecke ich ein Beispiel, das mir zeigen könnte, wie aus dem Sein ein Weg wird. Nur der Tod läßt Vergangenheit entstehen.

Ich schwimme ans Ufer, ziehe meine Kleider an, nehme den Bärenfellsack auf die Schultern und wandere den Fluß entlang nach Norden. Als es dunkel wird, wende ich mich dort, wo die Hügel beinahe zur großen Ebene geworden sind, gegen Osten. Am vierten Tag meines Gehens komme ich in bekannte Wälder, noch immer wohnt eine Frage ohne Antwort in meinem Kopf.

In der Morgendämmerung höre ich Menschenstimmen, ein Mann brüllt vor Angst. Ich laufe näher und rieche einen Bären, sofort hole ich den Dolch aus dem Fellsack. In einer kleinen Senke sehe ich das mächtige Tier mit einem viel zu kleinen Pfeil im Pelz. Es schlägt nach dem brüllenden Jäger und brummt zornig. Zwei andere Männer stehen im Gebüsch, sie versuchen vergeblich, den Bär durch Rufe abzulenken. Immer wieder schießt einer einen Pfeil ab, doch er ist zu weit entfernt, um gut treffen zu können. Als der Bär sein Opfer zum dritten Mal erwischt und sich über den Mann stürzt, bin ich nahe genug für einen Sprung. Ich trenne dem Bären durch einen mit aller Kraft geführten Schnitt die Kehle durch. Mit einer letzten Bewegung schleudert er mich in die Luft, ich lande in dichtem Gestrüpp, das meinen Aufprall abfängt. Zu dritt nähern wir uns vorsichtig dem noch immer um sich schlagenden Tier. Als wir es endlich zur Seite ziehen können, sehen wir die tiefe Wunde am Hals des in seinem Blut liegenden Jägers.

Die beiden Jäger erzählen, daß sie aus der Siedlung zwischen den Flüssen kommen. Ein Stück weiter nördlich hätten sie frische Hirschspuren entdeckt. Der Tierpfad habe sich geteilt, und jeder von ihnen sei einen der Wege weitergegangen. Schon kurz darauf hätten sie den Hilferuf des dritten Mannes gehört. Der Bär muß ihn überrascht haben, sonst hätte er sich auf einem Baum in Sicherheit gebracht. Sie wären herbeigeeilt, leider aber zu spät gekommen. Dann beginnen sie, dem Bären das Fell abzuziehen. Sie erklären mir, daß sie es brauchen, um darin den Toten in die Siedlung zu tragen. Ich könne ruhig zurück in mein Dorf gehen, sie kämen schon alleine zurecht. Ich hole meinen Bärenfellsack, den ich im Lauf abgeworfen habe, verabschiede mich und gehe ein Stück Richtung Fluß, wobei ich mich bemühe, möglichst geräuschvoll voranzukommen.

In einer kleinen Senke halte ich an, überlege, ob ich mein Bärenfell zurückholen soll, und beschließe, ihnen zu folgen. In weitem Bogen schleiche ich zu den Jägern zurück, ich sehe, daß sie den Toten in das Bärenfell wickeln. Sie knüpfen mit Stricken ein grobes Netz zwischen zwei dicke Äste, laden den Mann auf die Bahre und gehen langsam nach Nordosten. Immer wieder lachen sie über den Tölpel aus dem Dorf, dann beschließen sie, auf einer mir bekannten Lichtung zu übernachten. Ich laufe voraus und überlege, wie ich ihnen das Lachen verderben kann.

Am Rand der Lichtung liegt eine mächtige Tanne. Ihr Stamm ist so dick, daß ich dahinter stehend das freie Land versteckt beobachten kann. Ich trage einige dürre Äste und Holzprügel an einen Platz, der für ein Lager geeignet ist und vom Versteck aus gut gesehen werden kann. Wenig später höre ich ihre Schritte im Wald. Die beiden Männer wählen tatsächlich den halb von Büschen umstandenen Platz. Sie wundern sich nicht über den Haufen aus Brennholz, einer meint, daß hier wohl vor kurzem andere Jäger haben lagern wollen. Als es dunkel wird, sitzen sie am kleinen Feuer und essen von den Vorräten. Sie beschließen, sich bei der Rückkehr als Sieger im Kampf mit dem Bären auszugeben. Später sprechen sie immer lauter und lachen, bis einer zu gähnen anfängt und sie die Nachtwache einteilen.

Während der eine bald fest schläft, steht der andere auf und geht herum. Er lauscht in die Nacht, legt Holz nach und setzt sich wieder zum Feuer. Ich sehe, daß er müde ist, und summe leise die Melodie aus alter Zeit. Der Wachende kann sie neben dem Knacken des Holzes nicht hören, trotzdem wird er rasch schläfrig. Er gähnt mehrmals, legt sich nieder und nickt ein. Ich schleiche zur Bahre, nehme den ins Bärenfell gewickelten Toten auf die Schulter und bringe ihn zum Platz hinter dem Baumstamm. Dort binde ich Lederriemen fest, um ihn wie einen Tragsack auf den Rücken nehmen zu können. Mit meinem beinahe leeren

Bärenfellsack auf der Schulter eile ich in die Siedlung zwischen den Flüssen.

Vor dem Morgengrauen treffe ich ungesehen beim Haus der Ältesten ein. Eine alte Frau öffnet mir die Tür, wenig später empfängt mich die Älteste. Ich erzähle, daß ich den Bären getötet habe, den Jäger aber nicht mehr retten konnte. Seine beiden Gefährten seien aus Angst davongelaufen und hätten ihn seinem Schicksal überlassen. Ich lasse den Toten im Raum liegen, packe das Fell in meinen Tragsack, schlage die Einladung zur Totenfeier aus und verlasse die Siedlung.

Im Morgengrauen gehe ich durch einen lichten Wald zwischen dem kleinen Fluß und einem dunklen Hügel. Nach der Rückkehr in mein Land werde ich ausruhen, das Fell gerben und wieder aufbrechen, um wieder zurückzukehren. Ich werde das für mein Leben Erforderliche tun, in der restlichen Zeit werde ich wie schon seit Jahren durch die Wälder streifen. Es gelingt mir jedoch immer seltener, während des immergleichen Gehens in den Wäldern zu bleiben. Mein Denken nimmt mir den Blick für die Welt, an weite Strecken der Wanderung kann ich mich nicht mehr erinnern. Statt dessen bringe ich halbherzige Versuche mit, mich mit dem Zustand wachsender Unzufriedenheit abzufinden. Zu stark ist das durch die Fragen entstandene Gefühl, daß es nicht genügt, einfach zu sein. Zum wiederholten Mal denke ich an Gestirne, Pflanzen und Tiere, zum wiederholten Mal beruhigt mich deren Treiben nicht.

Die ganze Nacht sitze ich vor dem Ofen und schaue in die schwache Glut, meine Katze liegt auf meinem Schoß und schnurrt. Vor vielen Jahren hat mir die Älteste der

Nachbarn ein Rätsel erzählt, das mich dazu verleitet hat, eine Frage nach der anderen zu stellen. Es gäbe Fragen, die zu stellen in die Irre führt, es gäbe Fragen, die das Denken nie beantworten kann, hat sie gesagt. Zum ersten Mal aber erinnere ich mich an ihre Prophezeiung: »An dem Tag, da du auf deine erste richtige Frage deine erste richtige Antwort findest, verschwindet die Grenze zwischen dir und meinem Stamm.« All die Jahre habe ich nicht gesehen, daß dieser Satz die Antwort enthält. Ich springe auf, die Katze rettet sich durch einen Sprung und faucht mir böse nach. In der Morgendämmerung stehe ich auf dem Hügel des flachen Landes und lege die drei Steine übereinander, zwischen den zweiten und den dritten stecke ich ein Ahornblatt.

*

Das einundzwanzigste Kapitel, worin der hl. Pieslwang erzählt, wie er zum ersten Mal die östliche Grenze überschreitet.

Den ganzen Tag über bleibe ich auf meiner Schotterbank. Wenn mir heiß ist, springe ich in den kleinen Fluß, dann lege ich mich wieder auf meinen Bärenfellsack und schaue ins Wasser. An jener Stelle, wo feiner Sand den Grund bedeckt, sehe ich ihr Lachen in den winzigen Wellen. Sie hat ein kleines Kind bei sich, das sie auf dem Arm hält und stillt. Ich freue mich über das Bild, bis es von einem Fisch durch einen Schwanzschlag zerbrochen wird.

Als die Sonne im Zenit steht, breche ich auf und gehe in die kühle Schlucht des östlichen Grenzbaches. Bald tritt ein Teil des Baches unter Felsblöcken wie eine breite

Quelle zutage, das kleine Tal weitet sich zu einem Becken. Den östlichen Arm des gespaltenen Baches entlanggehend sehe ich am Ufer eine Feuerstelle, unter der Asche glühen noch Holzstücke. Wenige Schritte weiter talaufwärts haben vermutlich Menschen aus der Siedlung zwischen den Flüssen meine Grenze überschreiten wollen, ein Damm aus Steinen staut das Wasser. Sie haben vielleicht eine ganze Nacht und einen halben Tag versucht, mich zu erreichen.

Auf dem Hügel des flachen Landes finde ich die drei Steine unberührt, das Ahornblatt steckt noch an seinem Platz. Also verlasse ich zum ersten Mal seit langer Zeit mein Land nach Osten. Ich überschreite die mir bestimmte Grenze, steige den bald steilen Hang hinauf und erreiche bei Sonnenuntergang die Hügelkuppe. Zwischen den vor Jahren gefallenen Bäumen ist junger Wald gewachsen. Langsam gehe ich zur oberen Weide meiner Nachbarn und klettere über den mit Dornensträuchern bewachsenen Steinwall. Eine große Schafherde kommt den Hang herauf, sie folgen einer in Rehleder gekleideten Gestalt.

»Brauchst du Gerbsalz?« fragt mich die neue Älteste. Sie sieht die Überraschung in meinem Gesicht und erzählt. Ein Händler aus der Stadt habe berichtet, daß der große Zauberer drei von einem riesigen Bären bedrängten Jägern zu Hilfe gekommen sei. Einer der Jäger habe durch einen Prankenschlag sein Leben lassen müssen, dann sei es gelungen, den Bär mit einem ins Herz geschossenen Pfeil tödlich zu verwunden. Der große Zauberer habe dem Tier anschließend die Kehle durchgeschnitten. Er habe vorgegeben, daß er damit einverstanden sei, wenn die Jäger das ihnen zustehende Fell mitnähmen. In der Nacht aber habe er sie durch einen Zauber eingeschläfert und die Jagdbeute an sich genommen.

Ich will erklären, wie alles wirklich gewesen ist, doch sie läßt mich nicht zu Wort kommen. »Du lebst alleine in deinem Land, das macht dich für viele unheimlich. In der Siedlung zwischen den Flüssen halten dich manche für einen Zauberer, andere reden von einem gefährlichen Fremden, der Hochwasser und Dürre geschickt hat. Du hast es dir vielleicht auch durch dein dummes Rätsel mit vielen verdorben.« Sie setzt sich ins Gras und lehnt sich an die Steinmauer. »Ich bin nie zu ihnen gegangen, habe nie etwas von ihnen gebraucht!« antworte ich heftig. Sie lächelt: »Du weißt nicht, wie Menschen in einer großen Siedlung leben. Dort spricht nur selten einer für alle!«

Ich setze mich neben sie an die sonnenwarme Steinmauer. »Gestern habe ich gedacht, ich müßte nichts anderes tun, als zu den Menschen zu gehen. Jetzt frage ich mich, ob ich das wirklich will. Erwartet mich dort draußen nicht bloß Streit?« Es dauert eine Weile, ehe sie mit einer Stimme antwortet, die mich glauben läßt, ihre Mutter säße neben mir: »Du bist kein Jäger, Hirte oder Fischer. Deine Art zu leben hat dich einem Ältesten ähnlich gemacht. Du hast nie verhindert, daß sie dich so sehen. Es hat dir gefallen, wenn sie mit Bitten zu dir gekommen sind. Gleichzeitig aber bist du kein Schüler eines Ältesten. Du bist aus der Fremde gekommen. Es gibt auch keine andere Grundlage für Vertrauen, weil du nicht mit ihnen am Feuer sitzt, nicht mit ihnen tanzt und nicht mit ihnen jagen oder fischen gehst. Was willst du?«

Die Frage kommt so unvermittelt und für mich ohne Zusammenhang zu den Ausführungen, daß ich nachfragen muß, glaube ich doch etwas falsch verstanden zu haben. Die in die Dämmerung eines heißen Spätfrühlingstages wiederholte Frage bringt mir nichts als weitere Fragen in den Kopf. Ich weiß nicht, wie lange ich geschwiegen habe, als ich höre: »Du kannst tun, was du willst. Du kannst dein Land verlassen und in unser Dorf kommen. Du kannst in die Stadt aufbrechen und Berater der Ältesten werden. Du kannst in den Süden wandern und nie mehr hieher zurückkehren. Ein Mann mit deinem Mut und deinen Fähigkeiten muß seinen Weg gehen.« Ich höre, wie bitter meine Stimme in der Antwort klingt: »Ich bin gewesen, bis mir deine Mutter von Fragen und Antworten erzählt hat. Seither kenne ich bloß Fragen ohne Antwort, seither suche ich nach einem Weg, ohne zu wissen, wie ein Weg aussieht. Manchmal wäre ich am liebsten ein einfacher Jäger.«

Ihr Lachen erinnert mich an die Eibenschwestern und ich spüre Zorn hochsteigen. »Fragen und Antworten sind ihr Lieblingsgespräch gewesen. Alle hat sie damit gequält, vor allem meinen Bruder und mich.« – »Soll das heißen, daß ich mich die ganze Zeit mit sinnlosen Fragen beschäftigt habe?« rufe ich laut und springe auf. Sie sieht mir zu, wie ich hin- und herstampfe, bis ich mir lächerlich vorkomme. Das macht mich neuerlich wütend. »Was willst du?« ruft sie. »Ich will meine Ruhe!« schreie ich. »Die kannst du haben!« sagt sie ruhig, steht auf und tut die ersten Schritte den Hang hinunter, bis ich sie am Oberarm packe und festhalten will. »Laß mich los!« zischt sie mich an, und ich lasse erschreckt los. »Was willst du?« fragt sie neuerlich und ergänzt: »Das frage ich jetzt zum letzten Mal!«

Wir stehen uns gegenüber, zwei- oder dreimal setze ich zu einer Antwort an und breche mitten im Satz ab, weil mir die Antwort falsch vorkommt. Ich sehe ihr Gesicht in der Dunkelheit nicht, spüre aber, wie ihre Ungeduld wächst. Nach langem Schweigen fängt sie zu reden an: »Du möchtest gerne ein mächtiger Zauberer sein, einer, zu dem alle von nah und weit kommen. Dann sprichst du deiner Meinung nach weise Rätsel und läßt dich beschenken. Gleichzeitig möchtest du ein Höhlenbär sein, der herumstreift, in der Sonne liegt, den Winter verschläft und nicht einen Gedanken denken muß. Gleichzeitig möchtest du ein Weiser sein, der alle Fragen der Welt beantworten kann. Gleichzeitig willst du als Jäger bei einem Stamm wohnen, wo du auf den Wegen der anderen gehend deren Gedanken nachdenken kannst. Du mußt keine Frage beantworten! Du mußt dich entscheiden, welchen der Wege du gehen willst!«

Sie läuft den Hang hinunter, hält kurz, um mir zuzurufen, daß man Gerbsalz bringen wird, dann verschwindet sie in der Dunkelheit. Ich lege mich neben der warmen Steinmauer in die Wiese und schaue in den Himmel, bis mir die Augen zufallen. Am Morgen weckt mich ein Mann und gibt mir einen Lederbeutel voll Gerbsalz. Er sagt, daß das ein Geschenk der Ältesten sei und kehrt in die Siedlung zurück. Dunkle Wolken ziehen aus dem Westen rasch näher, so beeile ich mich, zu meiner Höhle zu kommen. Ich reibe das Bärenfell mit dem Salz ein, wasche mir im kleinen Fluß die Hände und erreiche die Höhle, als die ersten Tropfen fallen. Bis in den Morgen sitze ich da und schaue zu den hell zuckenden Blitzen hinaus. Drei Wege liegen deutlich vor mir.

Das zweiundzwanzigste Kapitel, worin der hl. Pieslwang erzählt, wie er es versäumt, Wintervorräte zu sammeln.

Am Morgen laufe ich zur Insel im östlichen Grenzbach. Als ich mich auf den großen Stein gesetzt habe, kommen zwei Männer aus der Siedlung zwischen den Flüssen mit einer Bahre den Hang herunter. Am Ufer stellen sie ihre Last ab und blicken herüber. Sie sehen mich, beginnen zu winken und rufen nach mir. Ich erkenne auf der Trage einen der Jäger, die mir das Bärenfell haben abnehmen wollen. Man erzählt mir, daß am Abend jenes Tages, als die beiden von der Jagd zurückgekommen sind, viele in der Siedlung zwischen den Flüssen von einem unbekannten Fieber befallen worden sind. Heute sind fast alle krank und haben Angst, es heißt, daß ich mich betrogen gefühlt und mich gerächt habe. Mit einem Blick glaube ich die Krankheit zu erkennen, zur Zeit meiner Wanderung habe ich ein Gegenmittel kennengelernt. Ich trage ihnen auf, bis zu meiner Rückkehr zu warten, und eile das Ufer entlang. An einer sumpfigen Stelle finde ich die gesuchten Pflanzen. Ich grabe eine Handvoll Wurzeln und bringe sie den Bittstellern. Drei Tage lang solle jeder der Erkrankten ein kleines Stück davon kauen. Die Männer bedanken sich, heben die Bahre hoch und steigen den Hang hinauf.

In der vierten Nacht nach diesem Ereignis werde ich von meiner Katze geweckt, mein Lauf bringt mich in die Senke des flachen Landes und zur Insel im östlichen Grenzbach. Im kleinen Kessel sehe ich um ein Feuer versammelte Menschen. Ich springe über den Bach und trete zu ihnen. Die Älteste kommt auf mich zu und gibt mir ein Päckchen aus Leder. Damit, sagt sie, bedanke sie sich für die Befreiung vom Fieber. Sie begleitet mich zum Bach und bittet mich, in Zukunft öfter an den Treffpunkt zu kommen. Den Menschen in der Siedlung zwischen den Flüssen stünden schwere Zeiten bevor. Ich sage ihr meine Hilfe zu und verabschiede mich. Hinter einem Busch springe ich mit dem Rücken voran zurück in mein Land. Bei einer verschütteten Höhle rolle ich Felsbrocken zur Seite, bis ein schmaler Spalt ins Innere frei ist. Ich werfe das Geschenk ungeöffnet in die Höhle, verschließe den Spalt wieder und laufe hinauf in den lichten Wald des flachen Landes.

Ich eile an der Kante entlang, wo das flache Land zum kleinen Fluß abbricht. Vor mir öffnet sich ein halber Krater, als wäre eine große Höhle eingestürzt. Der Hang ist von hohem Gras bedeckt. Ich steige hinunter und stehe auf einer der dreizehn Lichtungen in meinem Land. Vier riesige Eichen begrenzen den freien Platz. Ich setze mich auf den bemoosten Stamm der fünften, vor langer Zeit gefallenen Eiche und überlege, welchen Weg ich weitergehen will.

Oben am Hang erscheint eine Gestalt, ich erkenne, daß sie in Rehleder gekleidet ist, dann sehe ich das Gesicht der Ältesten meiner Nachbarn. »Du hast dich entschieden!« ruft sie mir fröhlich zu und kommt näher. Ich frage sie, warum sie davon überzeugt ist. »Du willst den Mächtigen Zauberer spielen, stimmts?« stellt sie fest, ohne auf meine Frage zu antworten. »Es ist gut, daß du dich entschieden hast, auch wenn ich nicht viel von diesem Weg halte. Du hast jedoch Begabung dafür, der Rest wird sich schon ergeben.« – »Gehen wir auf den Berg!« schlage ich vor, weil ich hoffe, während des langen Aufstieges ihre Worte bedenken zu können. Ohne etwas zu sagen, läuft sie voraus.

Auf einem Tierpfad kommen wir rasch höher. Bald nach Sonnenaufgang erreichen wir den von einzelstehenden Lärchen bewachsenen Hang, immer wieder klettern wir im steilen Gelände über kleine Felsvorsprünge. Wir trinken aus einer Quelle, dann steigen wir langsamer weiter. Dunkle Latschen bedecken den letzten, langen Hang. Die Sonne steht noch nicht im Zenit, als wir den Hügel des flachen Landes erreicht haben und weit übers Land blicken. Wir sehen die Täler, Gipfel und Schneefelder des südlichen Gebirges von oben, unbekannte Berge aus dunklem Gestein liegen weiter entfernt.

Tief unten wohnen meine Nachbarn. In der Siedlung zwischen den Flüssen sind einige neue Häuser aus Holz und Stein deutlich zu erkennen. Ich höre die Menschen sprechen und spüre die Unruhe, die neue Älteste kann die Menschen nur mit Mühe beruhigen. »Du hast dir den schwierigsten Weg ausgesucht!« stellt die Älteste meiner Nachbarn fest. Ihre Worte holen mich aus der Siedlung zurück auf den Gipfel. Ich erinnere mich wieder daran, daß ich während des Gehens über meine Entscheidung habe nachdenken wollen, ich habe jedoch nichts anderes getan, als alles um mich zu betrachten. »Das Einfachste, nämlich bis an mein Lebensende in meinem Land zu sitzen, habe ich satt!« höre ich mich antworten, und ich weiß, daß ich spätestens mit diesem Satz eine Entscheidung getroffen habe. Sie lacht mich an und umarmt mich vor Freude. »Ich habe recht gehabt!« sagt sie. »Es ist so einfach, die Zeit der Fragen zu beenden. Du mußt dich bloß entscheiden. Wofür du dich entscheidest, ist ohne Bedeutung. Du machst aus allen Wegen deine Wege, wenn du sie beschreitest!«

Sie nimmt mich an der Hand und wir laufen den Hang hinunter. In der Mulde unter dem Gipfel liegt die fremde Stadt. Wir gehen durch enge, mit Steinen gepflasterte Straßen zwischen steinernen Häusern, weder Mensch noch Tier spähen durch eine der Ritzen in den hölzernen Fensterläden. Auf einem kleinen Platz steht ein schlanker Turm neben dem Brunnen. Wir trinken vom kühlen Wasser, dann steigen wir auf die Turmkrone. Unter uns liegt die kleine, durch breite Straßen in vier Teile zerfallende Stadt. »Mir wird kalt!« sagt sie und steigt die Treppe wieder hinunter. Bis in die Abenddämmerung gehen wir durch die Straßen aus Stein, doch wir erreichen weder die Stadtmauer noch ein Stadttor, obwohl ich mehrmals im Turm hinaufsteige und mir den Verlauf der Straßen zu den vier Stadttoren einpräge. »Ich werde sie die Stadt deiner Fragen nennen!« sagt die Älteste zu mir, als es dunkel wird. »Erst nach unseren Irrwegen kann ich verstehen, wie es dir in den letzten Jahren ergangen ist. Ich kann auch nicht sagen, durch welche der Haustüren wir gehen sollen!« – »Wir nehmen die, vor der wir jetzt stehen!« beschließe ich und klopfe gegen den hölzernen Türflügel. Da niemand antwortet, drücke ich die Tür auf.

Vor uns liegt die Schlucht des kleinen Flusses, wir stehen an der Innenseite einer Biegung auf von Mondlicht beschienenem, schottrigen Ufer. »Du erinnerst dich?« frage ich leise. »Ja!« sagt sie und weicht zurück, »Ich will nicht hier sein!« Schon treten wir in die steinerne Straße zurück, sie schließt die Tür mit kräftigem Ruck. »Es wird keine Wiederholung geben!« stellt sie fest und läuft ein Stück weiter. »Versuchen wir es bei dieser Tür!« Schon hat sie den Flügel aufgedrückt und ist im Haus verschwunden, ich folge ihr rasch.

Hartgefrorener Schnee knirscht unter meinen Füßen. Vor mir steht die mächtige Linde, an ihrem Stamm kriecht ein wenig von der Kraft der Sommersonne hoch, die dunkle, rissige Rinde wärmt meine Handflächen. Auf den Ästen sehe ich die Reste des Sommers, schmale Flügelblätter, an denen wie mit einem Faden gebunden Fruchtkügelchen hängen. Jede der kleinen Kugeln ist jetzt ein gefrorener Wassertropfen, der im Mondlicht glänzt. Ich stehe an den Stamm gelehnt und schaue. Buntes Licht kommt von den Früchten, im Schauen leuchten immer mehr Punkte. Mein bald nach oben gerichteter Blick unterscheidet kaltes Blau und kräftiges Violett, Grün wie von erstem Gras, sattes Rot und das Orange der sinkenden Sonne. Die Farben der Eiskugeln unterscheiden sich nicht von den Farben der Sterne, die zwischen den dunklen Ästen sichtbar sind. Baum und Himmel verschmelzen zu einer Kuppel aus buntem Licht, in der ich mich geborgen fühle. Ich stehe und schaue, bis sich der Mond mit gelblichem Leuchten in die Farben drängt. »Ist dir nicht kalt?« frage ich die nur mit einem dünnen Rehfell bekleidete Älteste. »Nein!« lacht sie und läuft den Hang hinunter. Ich folge ihr, verliere sie im Dunkel des Waldes aus den Augen, höre bald weit vor mir das Brechen von Ästen. Am Bach, wo ich die Bärin erstochen habe, halte ich an und lausche in die Stille des Waldes. Das Bächlein gluckert unter dem Eis. Ihr Bild kommt zu mir zurück, und jetzt fällt mir auf, daß sie keine Schuhe trägt, die nackten Füße berühren das Eis kaum.

Es folgt ein harter Winter. Mit großer Anstrengung grabe ich Brennholz aus dem Schnee. Ich muß bei Eiseskälte jagen gehen, weil ich keine Vorräte gesammelt habe. Ich schlage Löcher in die Eisdecke des kleinen Flusses, wo ich mich oft vergeblich bemühe, einen Fisch zu fangen. Mehrmals schleppe ich Steine zum Hügel des flachen Landes und schlichte sie als Zeichen auf, schon am nächsten Tag sind sie unter Neuschnee begraben. Einmal kämpfe ich mich bis zum Bauch im Schnee watend hinauf zur Linde, doch ich finde die Türe nicht, die mich in die Stadt und in den Frühling zurückbringen könnte. Irgendwann erinnere ich mich an die ersten Winter in der Höhle. Regungslos bleibe ich vor dem Ofen sitzen und starre in die Flammen, bis warme Luft aus dem Süden den Frühling bringt.

*

Das dreiundzwanzigste Kapitel, worin der hl. Pieslwang erzählt, wie ihm die Jäger nachstellen.

An einem heißen Sommertag gehe ich zu meiner Schotterbank, die in diesem Jahr zu einer großen Halbinsel geworden ist. Einige Male wate ich stromaufwärts und lasse mich zur Schotterbank treiben. Dann strecke ich mich auf dem Bärenfell aus, die Sonne wärmt meinen Körper rasch. Ich beobachte die in der Strömung stehenden Fische, bald sehe ich nur mehr die kleinen Flecken aus Licht, wenn die Wellen Sonnenstrahlen in mein Gesicht werfen. In den Blendungen erscheinen schwarze Gestalten, drohend schwingen sie Schwerter und Prügel. Ich blinzle mit den Augen, schlage mit den Händen ins Wasser, daß es mir ins Gesicht spritzt, und vertreibe die Schwarzen.

Das Bild läßt mich unruhig werden. Vor Jahren habe ich diese Männer schon einmal gesehen, später haben sie mich im Schlaf überrascht und gefangen. Wenn ich auch nun durch die Feuerwand geschützt bin, will ich wissen, warum sie mir nachstellen. Außerdem kann es sein, daß sie außerhalb meines Landes versteckt auf mich warten. Rasch schlüpfe ich in meine Kleider, nehme den Tragsack auf die Schultern und gehe durch den lichten Auwald vorsichtig am Ufer des kleinen Flusses abwärts.

Es dämmert bereits, als ich vor mir die Siedlung zwischen den Flüssen sehe. Eine Gruppe von bewaffneten Männern bricht in den Wald auf. Sie sind ohne große Vorsicht unterwegs, Äste knacken laut, sie rufen einander Worte zu und lachen. Ich folge ihnen in geringem Abstand auf dem oft begangenen Pfad, der im flachen Tal eines Bächleins nach Südwesten zieht. Bald verstehe ich das eine oder andere Wort deutlich und höre, daß sie unterwegs sind, um mich zu töten. Sie wollen am Treffpunkt beim östlichen Grenzbach auf mich warten, sich als Bittsteller ausgeben, mich aus meinem Land locken und mich erschlagen, noch ehe ich mich in einen Bären verwandeln kann.

Plötzlich halten sie an. Aus ihren Reden und Tätigkeiten entnehme ich, daß sie am Ufer eines Teichs lagern wollen. Bald lodert ein großes Feuer, die Männer setzen sich, sie essen und trinken von den mitgebrachten Vorräten. Viele Möglichkeiten, wie ich am besten zu fangen wäre, werden besprochen. Immer wieder fällt ihnen zu ihren Plänen ein Gegenmittel ein, sie halten mich tatsächlich für einen großen Zauberer. »Und wenn er davonfliegt?« fragt einer, und ich muß mich bemühen, nicht laut aufzulachen. Die Beratung der neun Männer verliert sich in

Einzelheiten, sie beginnen immer lauter durcheinander zu reden. Einer prahlt damit, sieben Bären in direktem Zweikampf erstochen zu haben, er werde auch mich ohne Schwierigkeiten tödlich erwischen. Andere sprechen über die Veränderungen in der Siedlung zwischen den Flüssen, und langsam wird mir klar, warum sie mich loswerden wollen.

Es haben sich vier Gruppen gebildet, die von der neuen Ältesten nur mühsam dazu gebracht werden können, wie alle Zeiten zuvor die Jagdbeute, die eingetauschten Waren und die Ernten aufzuteilen. Händler haben berichtet, daß in den großen Siedlungen im fernen Süden und Osten seit jeher getauscht und nicht verschenkt werde. Vor allem die Jäger, im Umgang mit Waffen geübt, wollen diese Sitte einführen. Es heißt, daß wegen mir viele den Worten der Ältesten gehorchen. Ich, ein dahergelaufener Fremder, sei in Wirklichkeit der Anführer der Siedlung, ohne meine Unterstützung hätte die Älteste keine Macht.

Ich erkenne, daß sie keine Ruhe geben werden und ich etwas unternehmen muß, will ich nicht den Rest meines Lebens in meinem Land verbringen. Während sie sich auf den ersten Vorschlag einigen und überlegen, in welchem Abstand zur Fallgrube sie mit welchen Waffen hinter dem Rücken auf mich warten wollen, kommt mir der Gedanke, etwas zu versuchen, das meinem Ruf als Zauberer gerecht wird. Da sie anscheinend noch längere Zeit hier sitzen werden, kann ich mein Vorhaben gleich hier durchführen. Ich umgehe das Lager und entferne mich auf dem Pfad, bis er das Tälchen des nach Westen biegenden Baches verläßt. In einem kleinen Kessel sammle ich Holz für eine Feuerstelle und schlage mit Feuersteinen so lange Funken, bis ein trockenes Fichtenzweiglein zu glosen beginnt. Bald starre ich ins Feuerrot, die Glut wächst zu einer Riesin, die tausend Glutkinder gebiert. Sie laufen den Bach talwärts zum Lager der Häscher, umkreisen es, rasen dahin und bilden ein feuriges Oval, als schwinge die Riesin einen Stock mit glühender Spitze. Ich bitte die Riesin, wie ihre Kinder ums Lager zu laufen und die Wand von innen nach außen zu schließen.

Vorsichtig schleiche ich zurück. Hinter einem Busch verborgen sehe ich deutlich die Wand. Die Jäger erheben sich, nehmen ihre Tragsäcke und Waffen auf und machen sich auf den Weg. Nach gut zehn Schritten bleibt der Erste stehen. Verwirrt versuchen sie, die Grenze zu durchbrechen oder zu umgehen, doch es gelingt ihnen nicht. Sie sind in einem Oval von etwa vierzig Schritten im Durchmesser gefangen. Ich sehe Angst in ihren Gesichtern und trete zu ihnen in den Kreis. »Ich könnte jetzt ein paar hungrige Bären zu euch schicken!« rufe ich ihnen zu. Zwei Männer ergreifen die Dolche. »Wenn ihr mich umbringt, bleibt ihr für immer eingesperrt!« sage ich und trete den einen Schritt zurück, der mich durch die Wand bringt. Ihre Münder öffnen sich, jetzt haben alle Angst, und ich lese von ihren Lippen, daß sie mich anflehen, von meinem Vorhaben abzulassen. Ich gehe zurück zu meiner Feuerstelle und lege so viele Holzprügel nach, daß die Wand des Gefängnisses bis zum Morgengrauen bestehen kann.

Eng zusammengedrängt stehen die Männer nahe der Feuerstelle. Sie warten anscheinend auf die Bären, denn sie halten mit zitternden Händen ihre Waffen. Ich trete wieder in ihr Gefängnis und befehle ihnen, sich zu setzen. »Ich habe es mir noch einmal überlegt!« beginne ich zu sprechen. »Ich bin nicht euer Feind, auch wenn ihr das nicht glauben wollt. Ich will nichts anderes, als in meinem Land in Frieden leben.« Sie unterbrechen mich und beteuern ihre Harmlosigkeit, keiner wolle mir auch nur ein Haar krümmen, ja sie seien froh, wenn ihre Älteste einen so mächtigen Helfer wie mich zur Seite habe. »Eure Angst läßt euch lügen!« stelle ich mit lauter Stimme fest, und sie verstummen.

Ich habe mit ihnen alles besprechen und sie von meiner Hilfsbereitschaft überzeugen wollen, jetzt scheint mir das Vorhaben zum Scheitern verurteilt. Sie werden aus Angst um ihr Leben allem zustimmen, in ein paar Tagen werden sie wie zuvor denken. Ungeduldig befehle ich ihnen, alle Waffen und Stricke in einen der Tragsäcke zu stopfen, was sie sofort befolgen, nur einer versucht, seinen Dolch im Gewand zu verbergen. Er tut es so ungeschickt, daß ich es bemerke, ich sage jedoch nichts. Als der Sack voll ist, nehme ich ihn an mich und gehe zur Wand des Gefängnisses. »Wenn der Tag anbricht, werde ich euch freilassen. Vielleicht aber schicke ich euch zuvor einige Bären, denn ich weiß, daß ihr mich sogar jetzt noch betrogen habt!« Mit einem Schritt zurück bin ich draußen und höre ihr Geschrei nicht mehr.

Unter den Waffen befinden sich ein neuer Dolch und ein hervorragender Bogen aus Eschenholz mit Pfeilen, die Spitzen aus gehärtetem Eisen tragen. Außer diesen Waffen und einem kräftigen Strick werfe ich alles ins Feuer. Langsam steige ich durch die Schlucht und neben dem Wasserfall auf den Berg in meinem flachen Land. Auf dem zum Gipfel gewordenen Hügel esse ich von meinen Vorräten und sehe der Sonne zu, wie sie bleich aus dem

Morgendunst steigt. Später öffne ich das Gatter auf dem kleinen Sattel unterhalb des Gipfels und höre ihre Stimmen. Die neun Jäger haben im Morgengrauen ihr Gefängnis verlassen. In der Siedlung zwischen den Flüssen berichten sie, daß sie auf dem Weg zu mir einer Gruppe von neun Bären begegnet seien, was keiner von ihnen zuvor erlebt habe. Sie seien auf Bäume geflüchtet und hätten versucht, die Bären durch das Hinunterschleudern der Waffen tödlich zu treffen, was ihnen aber leider nicht gelungen sei. Den weiteren Verlauf ihrer Geschichte höre ich nicht mehr, weil ich in mein Land zurückgehe und das Gatter schließe.

*

Das vierundzwanzigste Kapitel, worin der hl. Pieslwang erzählt, wie er einen Turm besteigt.

Immer wieder steige ich auf den Berg des flachen Landes, öffne das Gatter und horche, was in der Siedlung zwischen den Flüssen vor sich geht. Nach den ersten Schneefällen verlasse ich mein Land. Es gelingt mir, die Jäger während einer Rast zu belauschen, und ich höre von Ereignissen in fernen Ländern. Vor kurzer Zeit sollen bewaffnete Reiter bis in die Ebene des großen Flusses im Norden gekommen sein. Auch im Westen gibt es Krieg, ein mächtiger König schickt seine Männer gegen Osten. Sie erobern Dorf um Dorf, setzen neue Älteste ein und erzählen, daß der Sohn der Großen Mutter deren Platz eingenommen hat. In mir steigt ein Bild auf: Ich sehe Diener des Großen Vaters in einem steinernen Haus, kann mich aber nicht erinnern, was ein Diener sein soll.

Ich laufe in meiner Spur am Ufer des kleinen Flusses zurück und stapfe durch den weich gewordenen Schnee den steilen Hang hinauf. An der Kante, wo das zum dunklen Hügel ansteigende Land abbricht, finde ich Menschenspuren. Zwei Bewohner der Siedlung sind hier vor etwa drei Tagen gegangen, trotzdem schleiche ich vorsichtig weiter. Der Pfad führt durch eine kleine Senke, von der ein steiles Tälchen hinunterzieht, biegt um einen Hügel, und dann tut sich vor mir eine Lichtung auf. Mit einem Blick weiß ich, wo ich mich befinde: Es ist der Platz, an dem die vier Schüler des Ältesten einander ermordet haben.

Vorsichtig umgehe ich die Lichtung, in deren Mitte eine prächtige Linde steht, dann erst betrete ich den freien Platz. Eine klare Quelle entspringt aus der Felswand, das Wasser windet sich um die Linde und stürzt über die Kante der Felsplatte. Nach wenigen Schritten spüre ich, daß ich einen besonderen Platz betrete. Zu diesem Baum ziehen sich seit undenkbar langer Zeit die Ältesten zurück, hier bitten sie die Große Mutter um Rat, hier geben sie den Schülern ihre Erfahrungen weiter. Auch die beiden Personen aus der Siedlung, deren Spuren ich gefolgt bin, sind hier gesessen. Ich lehne mich an den Stamm der Linde und schließe die Augen. Mir erscheint der Platz, wie er wohl im Sommer aussehen muß, eine hölzerne Treppe führt vor mir zum hoch liegenden Eingang eines schlanken Turms. Als ich die erste Stufe betrete, holt mich das Geräusch von Menschenschritten in den Winter zurück. Ich eile in meiner Spur in den Wald an der Kante und verberge mich hinter Gebüsch.

Die Älteste der Siedlung zwischen den Flüssen und die alte Frau, die mir die Tür geöffnet hat, erscheinen auf der freien Fläche. Bei der Linde angekommen entdecken sie meine Spuren, die Älteste ruft in meine Richtung, daß sie mich um ein Gespräch bitte. Langsam gehe ich auf sie zu und mustere sie lange. Mir gefallen die hellen Augen der Frau, die kaum älter als ich sein dürfte, um ihren Mund aber liegt ein Zug, der mich beinahe erschreckt. »Was hast du mit den Jägern gemacht?« fragt sie mich. »Ich glaube nicht, daß du ihnen neun Bären entgegengeschickt hast!« – »Ich habe sie gefangen und am Morgen wieder freigelassen!« antworte ich beiläufig. »Du hast sie in eine Höhle gelockt?« versucht sie zu raten. Jetzt ist ihr Gesicht unauffällig und durch die klaren Augen schön, der Zug um den Mund ist verschwunden. »So kann man es auch nennen!« versuche ich abzulenken, doch ihr Blick läßt mich weitersprechen: »Ich habe ein wenig gezaubert, wie man es von mir erwartet.« Ich sehe ihre Neugierde, ihr Respekt vor mir aber verhindert eine weitere Frage.

»Ich glaube, daß du in Gefahr bist!« wechsle ich das Thema. »Die Jäger wollten mich ermorden, um dich zu schwächen. Jetzt haben sie Angst vor mir, also werden sie dich angreifen!« – »Das werden sie nicht tun! Ich habe bereits meine Vorkehrungen getroffen. Aber ich brauche deine Hilfe in einem anderen Zusammenhang«, unterbricht sie mich. »Sei ruhig! Dort oben warten die Jäger auf uns – komm mit!« flüstere ich ihr hastig zu. Ich nehme sie und die alte Frau an der Hand, schließe die Augen und hole den schlanken Turm zu uns. Wir eilen die hölzerne Treppe hinauf, schon stehen wir im Inneren des Bauwerks und ich schließe die Tür.

»Wo sind wir?« fragt sie erstaunt. »Im Land der Ältesten!« antworte ich und steige die steinerne Wendeltreppe hoch. Von der obersten Plattform aus beobachte ich, wie fünf Jäger zur Linde eilen und unsere für sie im Nichts verschwindenden Spuren betrachten. »Ich habe gewußt, daß er fliegen kann!« sagt einer der Männer. »Wir sollten ihm nicht mehr nachstellen. Er ist ein mächtiger Zauberer und kann uns mit einem Schlag umbringen!« Jetzt kommen auch die neue Älteste und ihre Begleiterin zu mir und blicken über die brusthohe Mauer der Turmkrone. Wir sehen den Jägern zu, wie sie ratlos den Wald um den freien Platz absuchen und schließlich zurück in die Siedlung gehen.

»Warum sehen sie den Turm nicht?« fragt die Älteste. »Hast du ihn schon einmal gesehen?« frage ich zurück. »Zeigst du mir den Turm, wenn wir wieder bei der Linde stehen?« bittet sie. »Vielleicht zeige ich ihn dir eines Tages. Vielleicht aber lernst du selber, ihn zu sehen!« Nach einer kurzen Pause rede ich weiter: »Sie verfolgen mich! Es ist an der Zeit, ihnen wieder klar zu machen, daß ich meine Ruhe haben will!« – »Ich werde dafür sorgen!« verspricht mir die Älteste. Ich beobachte sie von der Seite und sehe ein kurzes Lächeln um ihren Mund, das ich mir nicht erklären kann. »Du brauchst Hilfe?« erinnere ich sie an das Ende des Gesprächs unter der Linde. »Ich glaube, das hat sich erübrigt!« antwortet sie schnell.

Ohne ein weiteres Wort verlasse ich den Turm, bald kommen die beiden Frauen nach. Ich sehe, wie die Älteste den letzten Schritt von der Holzstufe langsam setzt, sie dreht sich um und blickt zurück, dann zuckt sie kurz zusammen. In diesem Augenblick wird wohl der Turm für sie verschwunden sein. »Siehst du ihn jetzt?« will sie von mir wissen. Ich gebe ihr keine Antwort. »Du weißt, wo du mich findest, wenn du Hilfe brauchst!« verabschiede ich mich und verlasse den freien Platz. Hinter den Büschen finde ich die Spuren der Jäger, sie bringen mich zum kleinen Kessel im Tal des östlichen Grenzbaches. Unzählige Spuren führen hierhin und dorthin, ich zähle die Fußabdrücke von mindestens sieben Menschen. Sie haben hier zwei oder drei Tage auf mich gewartet, denn der noch lauwarme Aschehaufen der Feuerstelle reicht mir bis zum Knie.

Die ganze Nacht über sitze ich vor meinem Ofen und schaue in die Flammen. Zunächst fällt mir auf, daß der Turm auf der Lichtung in meiner Erinnerung dem Turm in meiner steinernen Stadt gleicht. Ich beschließe, in nächster Zeit auf den Berg zu steigen und im dunklen Gebäude nach einem Ausgang zu suchen, der mich zur Linde bringt. Er müßte in halber Höhe zu finden sein. Dann fliegt mein Gedankenauge auf den Berg, eilt durch die steinerne Stadt und verweilt auf der Turmkrone. Im Nordosten steht Feuerschein am Himmel, Reiter aus den weiten, flachen Ländern überfallen einzelne Gehöfte, Dörfer und große Siedlungen. Sie nehmen, was sie brauchen können, und stecken die aus Holz gebauten Hütten in Brand, ehe sie weiterziehen.

Gefährlicher aber ist der rote Schein auf dem westlichen Himmel. Er bringt eine auf Krieger gestützte Herrschaft, die angeblich errichtet wird, um sich gegen die Reiter aus dem Osten zu schützen. Gemeinsam mit den Dienern des Sohnes der Großen Mutter vertreiben die Krieger die Ältesten. Ich sehe, wie sie die Türme der Ältesten in Besitz nehmen, sie abreißen und an ihrer Stelle steinerne Häuser errichten. Ich sehe, wie der König Unterkönige einsetzt, die ihm verpflichtet sind und für ihn Steuern und neue Krieger eintreiben. Ich sehe, daß der rote Schein bald bis zur Siedlung zwischen den Flüssen leuchten wird.

Fröstelnd finde ich mich vor der warmen Glut in meinem Ofen wieder. Ich lege dünne Äste nach, daß das Feuer auflodert. Die hohe Flamme entläßt Glutkinder ins flache Land, sie umkreisen es und verschließen meine Grenze heißer als je zuvor.

*

Das fünfundzwanzigste Kapitel, worin der hl. Pieslwang erzählt, wie sich ein Wunsch erfüllt.

An einem Wintermorgen steige ich im Nebel auf den Berg in meinem flachen Land. Der hartgefrorene Schnee trägt mich, und ich komme gut voran, bald erreiche ich den Turm in der steinernen Stadt. Ich steige im dunklen Gebäude hinauf und taste über die Wände. In halber Höhe spüre ich eine breite Vertiefung, ich drücke den Türflügel auf und sehe im Nebel die Linde auf dem flachen Platz nahe der Siedlung zwischen den Flüssen. Am Fuß der Außentreppe sucht die neue Älteste nach dem Aufstieg, immer wieder geht ihr Tritt an der ersten Stufe vorbei. Sie wird ungeduldig, läuft hin und her, und ich weiß, daß sie ihr Leben lang den Turm nicht entdecken wird. Ihre alte Begleiterin blickt auf und sieht mich. Sie nickt mir zu, wobei sie die Augen schließt, dann setzt sie sich zum Stamm der Linde und beobachtet die jüngere Frau. Wieder nickt sie, diesmal blickt sie mich an. In meinem Kopf steht ihr beruhigendes Murmeln.

Im engen Raum unter der Treppe finde ich eine hölzerne Falltüre. Steinerne Stufen bringen mich in eine kleine Höhle am Ufer meines Sees, ich erkenne im Osten die Insel mit dem Wassergraben. Dann entdecke ich im Erdgeschoß einen zweiten Ausgang. Mein Schritt bringt mich unter die mächtige Linde, die auf der Lichtung am Ende eines Hügelkammes im Süden meines Landes steht. Mir wird klar, daß sich zu diesem Baum seit langer Zeit die Ältesten zurückziehen, hier bitten sie die Große Mutter um Rat, hier geben sie den Schülern ihre Erfahrungen weiter.

»Ich grüße dich, Großer Zauberer!« höre ich die Stimme der Ältesten meiner Nachbarn. Sie sitzt an der dem Tal zugewandten Seite der Linde und lacht mich an: »Du hast die Türme gefunden, stimmts?« Ich nicke und setze mich zu ihr. »Hast du auch die vor kurzem zugemauerten Türen gesehen?« Als ich verneine, springt sie auf, nimmt mich an der Hand und tritt mit mir in den Turm. Jetzt erst sehe ich in der nach Westen zeigenden Mauer einige Steine aus gebranntem Lehm. »Sie werden zerfallen!« meint die Älteste. »Was aber erst nach vielen Menschenleben geschehen kann!« ergänze ich. »Auf jeden Winter folgt ein Frühling!« erwidert sie mit traurigem Lächeln. »Mich interessiert die Stadt mehr als der Turm. Hast du sie schon früher einmal besucht?« frage ich rasch. Sie schüttelt verneinend den Kopf und geht mir voraus auf den kleinen Platz mit dem Brunnen. Die Sonne ist untergegangen, ein Rest ihres roten Lichts steht am Horizont. Die ersten Sterne blinken im kalten Winterhimmel. Ich öffne die nächstbeste Haustüre und wir sehen im Nebel die Felswand in der Schlucht des kleinen Flusses. Vor uns liegt das schottrige Ufer, als wären wir nie dort gesessen. Hinter der Tür des Nachbarhauses liegt der Platz vor uns, wie er an einem Abend im späten Herbst aussehen muß, hinter der nächsten Tür führt der kleine Fluß Hochwasser. »Jetzt will ich es versuchen!« ruft mir die Älteste zu und eilt zu den Häusern der gegenüberliegenden Straßenseite. Fünfmal sehen wir die Linde auf dem Hügelkamm. Einmal wirft sie die Blätter ab, ein anderes Mal blüht sie. Als ich die Türe, hinter der die Linde im Sommer gestanden ist, noch einmal öffne, liegt vor mir das schottrige Ufer in der Schlucht des kleinen Flusses.

»Wir stehen in der Stadt der Wünsche!« sagt sie leise. »Willst du durch den Turm zurückgehen?« frage ich. »Nein!« antwortet sie und nimmt mich an der Hand. Wir wandern durch die kalte Stadt, bis es dunkel ist, dann tritt sie zu einer Haustür und öffnet sie. Nach wenigen Schritten höre ich Kies unter unseren Füßen knirschen, Wasser rauscht nicht weit von uns. Da geht der Mond im Osten auf, rot leuchtet er zwischen den Bäumen, die am oberen Rand der Schlucht wachsen. Die Luft ist warm wie an einem Sommertag. In dieser Nacht öffnet sich in dem Augenblick, da unsere Körper wie einer geworden sind, der Himmel, und ein Strahl aus Licht trifft unsere Seelen. Zu dritt erwachen wir in den Morgen.

Wir schweigen den halben Tag ohne Berührung und trennen uns ohne Abschied, um uns am nächsten Abend wieder auf der Schotterbank zu treffen. Ich bringe glühendes Holz für Feuer aus Treibholz, wir schwimmen, fangen Fische und schlafen gesättigt auf dem Bärenfellmantel. Wir leben, als wäre sie Jahre mit mir gewandert und Jahre bei mir in der Höhle gesessen. Es kommen Tage, da reden wir kein Wort, wir hocken nebeneinander, durch einen

Felsvorsprung vor dem Regen geschützt. Dann wieder laufen wir und lachen, unsere Hände streichen über die Haut des anderen, als wäre der ein seltener Kristall. Wenn das Blut wieder langsam durch die Adern zieht, gehen unsere Münder auf und wir erzählen einander in den Schlaf. Als der Herbst kalte Nächte bringt, geht sie langsam in die Siedlung zurück, ich werfe die Asche der Feuerstelle in den Fluß. Bald wirkt der Platz auf der Schotterbank, als wäre hier nie ein Mensch gewesen. Ich streife wieder Nacht für Nacht durch die Wälder westlich des kleinen Flusses und jage, um genügend Vorräte für den Winter zu bekommen. Auch ist es an der Zeit, mit dem Holzsammeln zu beginnen.

Immer wieder gehe ich über die östliche Grenze in das Dorf meiner Nachbarn. Manchmal tanze ich mit ihnen um das Feuer, wir schlagen die Trommeln, klatschen und singen Lieder von Bären, Wölfen und Hirschen. Wenn die Morgendämmerung anbricht, erhebe ich mich von ihrem Lager und laufe über den Hügel zum kleinen Fluß. Manchmal ziehe ich mit den Jägern aus dem Dorf durch die Wälder. Einmal gelingt es mir, ein Rudel Mufflons in einem Feuerring zu fangen und die fünfundzwanzig Tiere lebend auf die Dorfweide zu bringen. Von diesem Tag an rufen sie mich mit ihrem Namen. Als der Schnee zu tauen begonnen hat und die Tage länger als die Nacht werden, gebiert die Älteste unsere Tochter. Nach den Feiern tragen wir sie ohne Begleitung zur Linde auf dem Hügel im Süden und besteigen den Turm, im Land der Ältesten erhält sie einen Namen, den niemand erfahren wird.

*

Das sechsundzwanzigste Kapitel, worin der hl. Pieslwang erzählt, wie er zum dritten Mal eine Bärin erlegt.

Im Herbst kehre ich zum ersten Mal nach der Geburt der Tochter in meine Höhle zurück. Noch glüht ein winziges Glutrestchen in meinem Ofen. Rasch lege ich Holz nach, um den Grenzwall aufzufrischen, dann sammle ich Vorräte für den Winter. Ich weiß, daß ich mein Land nicht für immer verlassen werde, auch wenn ich viele Tage und Nächte im Jahr bei meinen Nachbarn verbringe. Zwei Tage lang sitze ich am Ofen, meine Katze liegt auf meinem Schoß und schnurrt. In einer Nacht gehe ich die Grenze meines Landes ab und finde sie unversehrt. Dann beschließe ich zu erkunden, was sich in der Siedlung zwischen den Flüssen tut.

Diesmal benutze ich mir inzwischen gut bekannte Pfade östlich meines Landes. Der Mond steht hoch am Himmel, als ich die engste Stelle jenes langgezogenen und gewundenen Tals erreiche, das zwischen den Flüssen nach Nordosten zieht. Ich rieche Bären und weiche über die flachen Hügel aus. Bald habe ich den oberen Rand der Schlucht erreicht, die der östliche Fluß gegraben hat. In einem großen Becken quere ich die Arme des Baches aus dem gewundenen Tal.

Am Fuß einer Geländestufe, die den Fluß zu einer kleinen Schleife zwingt, sehe ich den schwachen Schein einer Feuerstelle. Zunächst erkenne ich fünf Menschen, bald kann ich sie als die Älteste der Siedlung, die alte Frau und drei Männer erkennen. Endlich bin ich nahe genug, um ihre Worte zu verstehen. Die Männer stimmen gerade einer Abmachung zu, über deren Inhalt ich leider nichts erfahre.

Ich kann bloß aus den das Gespräch beendenden Sätzen schließen, daß sie in der Siedlung wohnende Händler sind. Die drei verabschieden sich und verlassen den freien Platz auf einem breiten Pfad. Die Älteste schickt ihre Begleiterin mit und bleibt alleine zurück. Die alte Frau wendet im Gehen ihren Kopf und blickt lange in meine Richtung, als könnte sie mich sehen. »Was ist?« fragt die Älteste, sie aber antwortet nicht und verschwindet zwischen den Bäumen.

Ich bleibe in meinem Versteck und beobachte, wie die Älteste den Stand des Mondes prüft und immer wieder zum Pfad blickt. Nach einiger Zeit erhebt sie sich. Sie horcht ins Dunkel, dann legt sie Holz nach und läßt die Flammen auflodern. Ich spüre ihre Ungeduld wachsen und bin sicher, daß sie jemanden erwartet. Sie hört wie ich die fernen Schreie, zuckt zusammen, packt ihren kleinen Tragsack und läuft den Pfad zur Siedlung zurück.

Die Geräusche kommen vom Hang des Beckens, nicht weit davon liegt die engste Stelle des gewundenen Tales. Mit einem Griff habe ich den Dolch gepackt und laufe los. Ich unterscheide die Rufe von drei Männern, wenig später beruhigen sich die Stimmen. Sie reden miteinander, alle drei sitzen auf Bäumen. Einer meint, daß sie anscheinend den Bären aus der Schlucht haben vertreiben können. Ich brumme so laut ich kann, und sofort beginnen sie wieder zu schreien. »Er liegt unter mir!« ruft einer. Da ich keinen Bärengeruch feststellen kann, fühle ich mich sicher. Im Schutz der Dunkelheit gehe ich weiter, wobei ich mich bemühe, das Laub möglichst laut rascheln zu lassen. »Jetzt kommt er zu mir!« ruft der zweite. »Nein! Er kommt zu mir!« schreit der dritte. Nicht weit vor mir murmelt ein

Bächlein und ich beschließe, mich vorsichtig durchs Wasser watend zu entfernen.

Als ich am Eingang der Schlucht das Bächlein verlassen und den Hang hinaufsteigen will, knacken vor mir Äste. Ich halte an und sehe die Bärin wie einen schwarzen Schatten auf mich zukommen. Sie hält den Kopf gesenkt, noch hat sie mich nicht gesehen. Ich trete zum nächsten Baum, schwinge mich auf den untersten Ast und klettere höher. Die Bärin richtet sich auf und schlägt mit den Pranken nach meinen Beinen, verfehlt sie aber knapp. Dann läßt sie sich nieder und wartet. Als mein Atem wieder ruhig geht, packe ich meinen Dolch fester. Die letzten Strahlen des sinkenden Mondes treten durch die Engstelle und beleuchten das Tier. Kurz darauf lasse ich mich vom Ast gleiten, meine Bewegung überrascht die Bärin. Ich treffe sie mit einem Fuß auf der Nase, verliere das Gleichgewicht und rutsche über ihren Rücken, was den Aufprall auf dem Boden mildert. Das Tier fällt auf alle Viere und brummt zornig, ich springe ihr neuerlich auf den Rücken und trenne ihr mit einem Schnitt die Kehle durch. Tödlich verletzt röchelt sie, schlägt mit den Pranken um sich und versucht mich abzuschütteln. Ich springe von ihrem Rücken und entferne mich ein Stück. Nach langer Überlegung verzichte ich darauf, das Fell abzuziehen, will ich doch die Jäger auf den Bäumen nicht um Hilfe bitten. Um zu verhindern, daß sie sich als Sieger im Kampf mit der Bärin ausgeben können, schneide ich vor meinem Aufbruch ein Loch in das Rückenfell, es hat die Form des Turmes vom Platz der Ältesten der Siedlung.

Zwei Tage später habe ich die Vorbereitungen für den Winter abgeschlossen und mache mich auf den Weg zu meinen Nachbarn. Erst nach einiger Zeit bemerke ich, daß mich mein Gehen nicht den kürzesten Weg zum Hügel im flachen Land führt, sondern in die Schlucht des östlichen Grenzbaches. Ich überlege, warum es so gekommen ist, und weiß bald, daß im kleinen Becken irgendjemand aus der Siedlung zwischen den Flüssen auf mich wartet.

»Ich habe mich darauf eingestellt, auf dich warten zu müssen!« begrüßt mich die Älteste erfreut und lacht mich an: »Du bist nicht nur ein mächtiger Zauberer, sondern auch ein großer Jäger!« – »Eine Älteste verhandelt nicht mit den Menschen, deren Geschicke sie lenkt!« stelle ich fest, ohne auf ihre Worte einzugehen. »Das ist vielleicht in einem kleinen Dorf in den Bergen so, wo man keine Ahnung hat, was in der Welt vor sich geht. Du müßtest mir bloß zeigen, wie ich auf den Turm komme, dann könnte ich mir Verhandlungen ersparen.« – »Wo ist deine Begleiterin?« frage ich beiläufig. »Es gibt Dinge, die niemand hören muß!« antwortet sie wieder lachend.

»Komm, setz dich!« fordert sie mich auf und deutet auf den breiten Stein neben ihrem Platz. »Die Jäger haben berichtet, daß sie die Bärin aus der Schlucht erlegt hätten, niemand außer mir hat den Turm im Fell erkannt. Wolltest du mir so ein Zeichen geben?« Ich setze mich und versuche, den Irrtum aufzuklären. »Mir ist in der Eile nichts anderes eingefallen!« antworte ich und sehe wieder ihr Lächeln und ihre leuchtenden Augen. Dann erzählt sie mit ernstem Gesicht:

»Die Händler haben in der Zeit des Ältesten Vermögen angehäuft und wohl mit seinem Wissen nicht alles geteilt, wie es seit jeher üblich gewesen ist. Sie sagen, daß in den Siedlungen im fernen Süden und Westen getauscht wird, solange man sich zurückerinnern kann. Nur die Jäger wären in der Lage, ihnen das durch Täuschung erworbene Vermögen abzunehmen, also beschenken sie sie reichlich mit neuen Waffen. Was bleibt mir übrig, als zu verhandeln?« – »Du läßt das Unrecht bestehen, ja du förderst es nahezu?« frage ich entsetzt. »Ich bin dazu da, die Jahresfeste zu feiern und für alle das Beste von der Großen Mutter zu erbitten. Die Zeiten sind vorbei, in denen das Wort einer Ältesten befolgt wird.« Während ich ihr zuhöre, weiß ich, daß es nicht mehr lange dauern wird, bis auch die Siedlung zwischen den Flüssen zum Reich des Königs gehört. »Vor dir haben sie Ehrfurcht!« fährt sie nach einer Weile fort. »Ich müßte zaubern können wie du, oder ein Kind von dir haben!« Sie steht auf und streicht mir über die Wange. »Bald ist das Fest der längsten Nacht!« lächelt sie mich an. Ich blicke ihr nach, bis sie im Wald verschwunden ist.

*

Das siebenundzwanzigste Kapitel, worin der hl. Pieslwang erzählt, wie er an seine Grenzen stößt.

Die Älteste meiner Nachbarn ist nicht überrascht, als ich ihr von den Zuständen in der Siedlung zwischen den Flüssen erzähle. »Meine Mutter hat mir schon vor Jahren darüber berichtet!« stellt sie fest und lächelt, womit sie mich nicht beruhigen kann. »Das bedeutet, daß sie so leben, wie es im westlichen Königreich üblich ist!« rufe ich entsetzt. »Auch hinter dem Gebirge im fernen Süden und Osten lebt man so,« erwidert sie, »wovon vor allem die

Händler wissen. Die Art zu leben wird sich ändern, wie sie sich bisher schon oft geändert hat.« – »Was ist das für ein Dorf, in dem die Händler oder die Jäger bestimmen, was geschieht?« unterbreche ich sie. »Sie tun es einfach. Gegen diese Tatsache hilft keine Frage.« Sie blickt mich lange an, dann lächelt sie wieder: »Wovor hast du Angst?« – »Ich habe keine Angst!« stelle ich ärgerlich fest. »Es macht mich zornig, wenn sie auf ihre Älteste nicht hören!« – »Auch du hast dich außerhalb der Gesetze gestellt! Denk daran, bevor du ihnen einen Vorwurf machst!«

Ich sage nichts mehr. Nach dem Fest der längsten Nacht bleibe ich einen Mond lang bei meinen Nachbarn. Ich gehe mit den Jägern in die Wälder und sehe meiner Tochter zu, wie sie wächst und auf dem Boden zu kriechen beginnt. Immer wieder beobachte ich in den Nächten den roten Schein am westlichen Himmel, immer wieder denke ich daran, daß ich die Macht der Jäger und Händler in der Siedlung zwischen den Flüssen sicherlich brechen könnte. Wenn ich davon erzähle, lacht sie: »Du kannst die Ereignisse verzögern, nicht aber gänzlich aufhalten!« sagt sie. »Was einen Versuch wert wäre!« antworte ich und verabschiede mich.

Sieben Tage lang sitze ich in meiner Höhle vor dem Feuer und schaue in die Flammen, die Katze liegt auf meinem Schoß und schnurrt. Der klare Himmel läßt die Sonne so kräftig scheinen, daß der Schnee zu tauen beginnt, in der Nacht ist es bitter kalt. Als sich die Dunkelheit zum achten Mal auf mein Land legt, fülle ich den Ofen randvoll mit Holzprügeln und verlasse die Höhle. Bald habe ich das Ufer des östlichen Grenzbaches erreicht. An seiner Mündung ist durch die Kälte der Nacht eine große Eisfläche entstanden, die vom kleinen Fluß umspült wird. Die Hitze meiner Feuerwand hat einen bis zum Schotter reichenden Graben geschmolzen, der genau in der Mitte der dicken Eisplatte zum Fluß zieht.

Ich schleppe einen breiten Ast auf das Eis, lege ihn über den Graben und setze mich. Die durch Jahre gewachsene Macht der Grenze fließt durch mich, ich fühle mich kräftig wie nie zuvor. Schon stehe ich in einer dunklen Höhle, meine Hände tasten über den rauhen Fels. Schritt um Schritt komme ich langsam voran, Wasser tropft mir auf den Kopf und läuft mir kalt über den Rücken. Dann versperren mächtige Felsbrocken meinen Weg, ich muß in vollkommener Dunkelheit klettern. Irgendwann beginnt es modrig zu riechen, der Ausgang ist nahe. Tatsächlich endet die steinerne Wand zu meiner Seite, ich spüre Gras unter meinen Händen, doch es ist dunkel wie in der Höhle. Ich sehe weder Bäume noch Büsche, weder Felsbrocken noch Sterne am Himmel. Einmal habe ich in meinem Leben eine so dunkle Nacht erlebt, es ist, als habe der Himmel, der selbst durch dicke Wolken einen winzigen Lichtrest schickt, aufgehört zu sein. Dann stelle ich mir vor, daß ich auf einem breiten Ast sitze, der über einem durch meine Feuerwand in das Eis geschmolzenen Graben liegt. Ich male mir in Gedanken eine Winterlandschaft, die dem Land um die Mündung des östlichen Grenzbaches gleicht. Der schwarze Himmel wird im Westen nicht durch roten Schein erhellt. Später lasse ich die kalte Wintersonne aufgehen.

Am Abend packe ich meinen Bärenfellsack und gehe zum Hügel im flachen Land. Im Westen zeigt sich der rote

Schein nicht. Voller Freude laufe ich in der Dunkelheit zu meinen Nachbarn. Die Älteste eilt mit mir auf den Höhenrücken und weiter südwärts zum Kamm mit der kleinen Lichtung, in deren Mitte die mächtige Linde und der Turm der Ältesten stehen. Ich deute nach Westen und sehe, wie sie den Himmel absucht. Sie lächelt nicht, wie ich erwartet habe, sondern nimmt mich an der Hand und zieht mich zum Turm. Im schwachen Licht der Monddämmerung erkenne ich frisch zugemauerte Stellen. Die gesamte Westseite ist verschlossen, auch an der Nordseite sind bereits viele Eingänge verschwunden. »Du hast bloß den roten Schein verschwinden lassen. Die Macht des größten Zauberers endet, wenn es um den Gang der Dinge geht. Warum willst du das nicht einsehen?« Ich schweige so lange, bis sie ungeduldig wird: »Eines Tages wirst du es einsehen müssen.« Sie wendet sich zum Gehen und ich folge ihr ohne ein Wort. Der in den nächsten Tagen einsetzende warme Südwind bringt den Frühling, und wir vergessen für eine Weile, was in der Zukunft auf uns wartet.

Die Nächte sind noch lang, als ich in meine Höhle gehe, um das Feuer anzufachen. Roter Schein erhellt den Raum, mein Schatten zittert schwarz auf den Felsen. Seine Unruhe bringt mir die Erinnerung an meine Unruhe zurück. Es ist noch nicht lange her, daß ich beschlossen habe, der Ältesten in der Siedlung zwischen den Flüssen zu helfen, dadurch ist in mir Ruhe gewachsen. Ich fülle den Ofen randvoll mit Holzprügeln, verschließe ihn mit dem passenden Stein und verlasse die Höhle. An der Fünfwegekreuzung beginne ich den Aufstieg auf den Berg im flachen Land. Bei den Lärchen liegt der Schnee noch hoch, mit großer Mühe stapfe ich zur steinernen Stadt.

Von der Turmkrone aus sehe ich den Tag erwachen. Gleichzeitig erheben sich Stimmen und mir ist, als kämen sie aus den unter mir liegenden Häusern. Im Viertel der Händler bereiten Männer aus einem fernen Land ihren Aufbruch vor, die Jäger und Fischer bringen den Fang des Morgens, die Bauern rüsten zum Aufbruch, sie wollen den Acker am Fuß des dunklen Hügels vergrößern. Ich sehe, wie die Jäger und Fischer den Fang auflegen, die schönsten Fische aber rasch in ihr Viertel tragen. Die Händler verteilen das eingetauschte Salz, zwei Münzen aber verstecken sie in einem der Häuser. Die Älteste kommt von der Linde auf dem flachen Platz mit der Quelle, sie ist zornig, weil sie den Turm wieder nicht gefunden hat. Ärgerlich fährt sie die Jäger an, sie sollen den Bauern beim Roden helfen. Einige verlassen die Stadt, die anderen aber behaupten, daß sie von der morgendlichen Arbeit müde seien. Ich höre, wie die Händler beraten, ob die Zeit schon gekommen sei, da auch in der Siedlung zwischen den Flüssen getauscht werden solle.

Ich verlasse den Turm und trete in die menschenleeren Straßen. Lange bleibe ich am Brunnen stehen und überlege, was ich tun könnte, um der neuen Ältesten zu mehr Ansehen zu verhelfen. Es gilt, rasch zu handeln, doch aus der dunklen Wasserfläche steigen nur Gedanken, die meine Ideen zu unbrauchbarem Stückwerk zerlegen. Schließlich kann ich mir sogar vorstellen, ihr den Zugang zum Turm der Ältesten zu ermöglichen. Die Erinnerung daran, daß ihre alte Begleiterin den Turm kennt, das Geheimnis aber nicht preisgibt, bringt mich von diesem Plan ab. Dann fällt mir ein, daß ich in der Stadt der Wünsche stehe. Eine Tür aus altem, verwittertem Holz zieht mich an, ich öffne sie und trete ins Haus. Der Schritt bringt mich vor den Ofen in meiner Höhle. Während ich durch den Wald meines flachen Landes zu meinen Nachbarn gehe, sehe ich keine der ringsum blühenden Frühlingsblumen. Als ich bei den Eibenschwestern Wasser abschlage, in der Hoffnung, sie könnten mir das Rätsel lösen, ernte ich spöttisches Gelächter. Erst auf der oberen Weide glaube ich einen Weg gefunden zu haben.

*

Das achtundzwanzigste Kapitel, worin der hl. Pieslwang erzählt, wie er der Ältesten zu helfen versucht.

In meinem Kopf wächst mein Plan. Jeden dritten Tag gehe ich in das kleine Becken im Tal des östlichen Grenzbaches, nie aber finde ich Spuren von Menschen aus der Siedlung zwischen den Flüssen. Im Sommer steige ich alle fünf oder sechs Tage auf den Turm in der steinernen Stadt und höre ihnen zu. Die Älteste meiner Nachbarn spürt meine wachsende Ungeduld und lächelt bald spöttisch, wenn ich abends aufbreche. Obwohl sie kein Wort darüber spricht und mich nie danach fragt, was ich in der Nacht treibe, ist mir, als wisse sie alles. Das verstärkt meine Unruhe. Meine Tochter beginnt zur Tag- und Nachtgleiche, die ersten Schritte zu machen, was mich ablenkt, dann aber verabschiede ich mich. »Es ist an der Zeit, Wintervorräte zu sammeln!« sage ich und packe meinen Bärenfellsack. »Wenn du Holz zu deiner Höhle schleppst, könntest du in Ruhe nachdenken!« sagt sie lächelnd. »Worüber soll ich nachdenken?« stelle ich mich dumm und ernte helles Lachen, in das auch meine Tochter einfällt. »Du weißt genau, daß es daneben gehen kann, wenn man ohne abzuwägen den Mächtigen Zauberer spielt!« antwortet sie ernst, als ich aus der Hütte trete. »Ich komme bald wieder!« sage ich rasch.

Während ich in meinem Land jage und das Fleisch zum Trocknen aufhänge, während ich Beeren sammle, Wurzeln grabe und Holzprügel zur Höhle zerre, vergesse ich ihre Bedenken. Eines Nachts weiß ich, wie ich vorgehen werde, am folgenden Nachmittag packe ich den Bärenfellsack randvoll mit Brennholz. In einer Hand trage ich eine mit Glut gefüllte Schale aus gebranntem Lehm, die an Stricken aufgehängt ist. Als die Dämmerung hereinbricht, stehe ich auf dem Turm in der steinernen Stadt, in der Nacht entfache ich ein kleines Feuer. Es dauert lange, bis ich so ruhig geworden bin, daß ich Glutkinder in die Straßen schicken kann. Am Morgen steht die feurige Wand um das Viertel der Händler. Zwei Tage lang nähre ich das Feuer und die Glutkinder, dann eile ich zur Siedlung zwischen den Flüssen. Dort versucht man gerade, vor der unsichtbaren Wand ein riesiges Gerüst zu errichten. Man drängt die Älteste, zu mir aufzubrechen und zu erfragen, warum ich die Händler gefangen halte. Die Menschen im Viertel der Händler haben sich an jener Stelle versammelt, wo hinter der Feuerwand das Gerüst errichtet wird. Ich umrunde die Siedlung und trete vom Fluß her mit dem Rücken voran zwischen ihre Hütten. Vor dem als Versammlungshaus dienenden Gebäude setze ich mich auf den Boden und warte darauf, daß ich gesehen werde.

Bis spät in die Nacht versuchen sie, das Holzgerüst höher als meine unsichtbare Wand zu bauen, dann verschieben sie die Arbeit auf den nächsten Morgen. Drei Männer sehen mich und holen die anderen. Sie sprechen kein Wort, in ihren Gesichtern sehe ich Angst und Zorn. »Ihr habt gegen die Gesetze der Ältesten verstoßen!« leite ich ein. »Ich bin gekommen, um die alte Ordnung wieder herzustellen. Wenn der helle Stern im Westen untergeht, habt ihr all die Münzen, die ihr seit Jahren nicht mit den anderen geteilt habt, vor mich auf den Boden gelegt. Früher sind Menschen, die nicht geteilt haben, von ihrer Sippe in die Wildnis gejagt worden. Ich werde dafür sorgen, daß ihr bis ans Ende eurer Tage gefangen bleibt. Wenn ihr eure Beute aus den Verstecken holt, seid ihr bei Sonnenaufgang frei!«

Sie umringen mich und versuchen mich zu beschwatzen. Einer, der sich mit der Ältesten am Feuer getroffen hat, will mir weismachen, daß ein Händler nur dann zugunsten der Siedlung tauschen kann, wenn er genügend Münzen hat. Ein anderer meint, daß man immer für die anderen gesorgt habe, den Überschuß habe man für schlechte Zeiten aufbewahrt. Ich sage kein Wort, sondern blicke nur auf den hellen Stern. Irgendwann hören sie zu reden auf, einer nach dem anderen bringt einen Beutel voll Münzen, manche werfen ihn zornig vor mich hin. Als der Stern hinter den Wipfeln der Bäume am Horizont verschwindet, kommt der letzte Händler mit dem größten Beutel, ich sehe, wie ihn die anderen dazu zwingen. »Du bist ein mächtiger Zauberer!« sagt er ruhig und scharf, »doch du hast keine Ahnung vom Handel. Du zwingst uns, etwas zu tun, das uns alle ins Unglück stürzen wird!« Er dreht sich um und geht wie ein Sieger zu seinem steinernen Haus. Ich packe die Beutel in meinen Bärenfellsack und verlasse die

Siedlung zwischen den Flüssen, beim Turm der Ältesten lege ich die Münzen unter die große Linde, dann lösche ich das Feuer und zugleich die undurchdringliche Wand.

Die Sonne des folgenden Tages steht hoch, als die Älteste und ihre Begleiterin kommen. »Was mischst du dich in unsere Angelegenheiten ein?« fragt sie mich böse, als ich von der letzten Stufe der Treppe auf den Turm in die Wiese trete und sie mich sieht. »Ich habe dich nicht gerufen!« – »Ich helfe dir, deine Aufgaben als Älteste zu erfüllen! Dort liegen die Münzen, die allen gehören! Verwalte sie, wie eine Älteste seit jeher den Besitz einer Sippe verwaltet hat!« antworte ich ruhig. »Sie haben dir gehorcht, weil du sie gezwungen hast. Das heißt nicht, daß sie auf mich hören werden!« stellt sie fest. »Dabei solltest du mir helfen! Wenn sie einmal auf mich hören, kann ich ihnen verbieten, Münzen für sich zu behalten. So aber werden sie weitertun, wie es schon lange Brauch ist.« – »Wenn du dich auf mich berufst, werden sie dir gehorchen!« entgegne ich. »Du irrst! Solange ich die Geheimnisse der Ältesten nicht kenne, bin ich machtlos!« Dann fügt sie leise hinzu: »Wir sollten ein Kind miteinander haben!« – »Ich werde kommen, wenn du Hilfe brauchst!« gehe ich auf ihre Worte nicht ein und verabschiede mich.

Die Älteste meiner Nachbarn empfängt mich am nächsten Tag mit traurigem Gesicht. »Mit Gewalt erreichst du nichts, ja du bewirkst sogar das Gegenteil deiner Ziele. Gestern Nachmittag war ein Händler aus der Siedlung zwischen den Flüssen bei uns. Er hat erzählt, daß ihnen die Älteste die Münzen zurückgegeben hat!« Zornig springe ich auf, will zu ihnen laufen, sie aber hält mich zurück: »Du verrennst dich! Die Händler haben sie davon überzeugt, daß sie das Geld besser verwalten können, also hat es ihnen die Älteste zur Verwaltung überlassen. Ich halte das für eine kluge Entscheidung! Auch du solltest nur das tun, wovon du etwas verstehst!«

Ich laufe in den kalten Herbstwind hinaus. Meine Beine bringen mich zur Linde der Ältesten, von der Turmkrone aus sehe ich im Westen den roten Schein. Ich werde alle Kraft verwenden müssen, will ich seine weitere Ausbreitung verhindern.

*

Das neunundzwanzigste Kapitel, worin der hl. Pieslwang erzählt, wie er ein Wunder geschehen läßt.

Rasch bricht der Winter über das Land herein. Lange vor der längsten Nacht liegt der Schnee hoch, oft weht eisiger Wind. Ich bleibe viele Tage in meiner Höhle, weil der Eingang durch herbeigewehten Schnee beinahe völlig verschlossen ist. Zweimal besuche ich die Älteste der Nachbarn und unsere Tochter, schon nach kurzer Zeit kehre ich in meine Höhle zurück. Wir sprechen nicht über meine Pläne, doch sie gibt mir deutlich zu verstehen, daß sie davon nichts hält. Als die Sonne stärker zu strahlen beginnt, steige ich Tag für Tag auf den Turm in der steinernen Stadt. Ich höre keine Neuigkeiten aus der Siedlung zwischen den Flüssen. Manchmal fällt eine Bemerkung, aus der ich schließe, daß alles so abläuft, als hätte ich den Händlern die erbeuteten Münzen nie abgenommen. Die Älteste ist häufig bei den Händlern und den Jägern zu Gast, zu ihrer alten Begleiterin aber kommen die Menschen, wenn sie Hilfe brauchen. Sie kennt Kräuter gegen Krankheiten und weiß in vielen Angelegenheiten Rat.

Nachdem die Sonne die Oberfläche der Schneedecke aufgeweicht hat, sie durch die Kälte der Nacht aber zu einer tragenden Eisschicht geworden ist, streife ich manchmal in der Dunkelheit durch mein flaches Land. Der Mond steht hoch, als ich bei den Eibenschwestern Wasser abschlagen muß. »Warum spielt er immer nur mit Feuer?« fragt die eine. »Weil er sonst nichts kennt!« höre ich die Antwort. »Er kennt doch andere Möglichkeiten!« – »Aber er denkt nicht daran!« Ich warte eine Weile, sie aber sagen nichts mehr. Während mich das Rätsel beschäftigt, bringen mich meine Schritte in das kleine Becken des östlichen Grenzbaches.

Die Älteste der Nachbarn liegt auf einem Fell neben der Feuerstelle und schläft. Das Geräusch meiner Schritte weckt sie, sie fährt hoch und starrt mich erschreckt an, dann erkennt sie mich. »Es ist gut, daß du so bald gekommen bist! Durch den langen Winter geht das Futter für unsere Herden zur Neige, viele Tiere haben wir schon schlachten müssen. Weißt du einen Rat?« Ich setze mich und sofort fallen mir die Worte der Eibenschwestern ein. »Morgen sollen sich am Abend alle Bewohner der Siedlung vor der Hütte versammeln, in der das Futter für die Herden liegt. Du wirst die Tür verschließen, davor ein Feuer entfachen, die ganze Nacht mit ihnen tanzen und die Große Mutter um Hilfe bitten. Wenn ihr am Morgen die Hütte öffnet, wird sich ein Mittel gegen eure Not finden!« Sie will mehr über mein Vorhaben wissen, ich aber antworte nicht und schärfe ihr ein, daß sie sich durch nichts von der Durchführung meiner Worte abhalten lassen darf. »Sie werden glauben, daß du ihnen geholfen hast. Sie werden zu dir aufblicken und man wird in Zukunft deinen Worten gehorchen!« sage ich und kehre in mein Land zurück.

Am Abend höre ich sie vom Turm in der steinernen Stadt aus singen. Ich steige ins Kellergeschoß und setze mich in eine dunkle Ecke. Bald ist alles Licht verschwunden. Ich erhebe mich, meine Hände tasten über den rauhen Fels der Höhlenwand. Schritt um Schritt komme ich langsam voran, Wasser tropft mir auf den Kopf und läuft mir kalt über den Rücken. Irgendwann beginnt es modrig zu riechen, der Ausgang ist nahe. Tatsächlich endet die steinerne Wand zu meiner Seite, ich spüre Schnee unter meinen Händen, doch es ist dunkel wie in der Höhle. Ich sehe weder Bäume noch Büsche, weder Felsbrocken noch Sterne am Himmel, es ist, als habe der Himmel aufgehört zu sein. Ich stellte mir vor, daß ich in einer Hütte auf einem riesigen Haufen getrockneten Grases sitze, vor der Hütte tanzen die Bewohner der Siedlung zwischen den Flüssen. Durch eine Luke an der Hinterwand der Hütte entkomme ich ins Freie und laufe auf den Pfaden der Jäger in mein Land zurück.

»Sie wissen, daß ihnen der Große Zauberer geholfen hat!« sagt die Älteste Tage später zu mir. Wir stehen im letzten Schnee dieses Winters unter der Linde beim Turm der Ältesten, sie starrt auf meine wie aus der Luft kommenden Spuren im Schnee. »Gestern wollte ich die Fischer dazu bringen, den gesamten Fang zu verteilen, doch sie haben mich ausgelacht! Du solltest mich als Schülerin aufnehmen und mir einige deiner Kunststücke zeigen! Dann würde sich das Leben in der Siedlung nach deinen Wünschen ändern!« Ich versuche sie abzulenken: »Deine alte Begleiterin weiß vieles!« – »Sie weiß bloß ein paar Kräuter. Aber sie kann weder zaubern, noch kennt sie den Turm der Ältesten!« erwidert sie. »Eine Älteste lenkt die Geschicke der Siedlung durch Klugheit, sie muß nicht zaubern können!« – »Warum gefällt es dir dann nicht, wenn ich mit den Händlern Vereinbarungen treffe?« fragt sie ärgerlich. »Das hat mit Klugheit nichts zu tun – das ist Verrat an dir selber!« sage ich scharf. »Du hat leicht reden. Du sitzt in deiner Höhle, hie und da zauberst du ein wenig und glaubst, daß damit alles erledigt ist. Hättest du meine Möglichkeiten, würden die Fischer auch dich auslachen!« – »Würde ich dir auch nur die kleinste Zauberei ermöglichen, würdest du sie falsch verwenden!« – »So also siehst du das?« fällt sie mir böse ins Wort. »Warum hast du mich dann zur Ältesten bestimmt? Warum versprichst du dann, mich zu unterstützen?« – »Ich bestimme, wie meine Unterstützung aussieht!« stelle ich ruhig fest.

Sie schweigt lange, ehe sie für mich überraschend mit fast weinerlicher Stimme erzählt: »Die Jäger, Händler und Fischer tun, was sie wollen. Jeder schaut auf sich und behält die schönsten Stücke für seine Gruppe. Die Händler geben den Jägern die besten Waffen –« – »Ich weiß, was in der Siedlung vorgeht!« unterbreche ich sie, weil ich diesen Tonfall nicht mehr hören kann. »Du wiederum verbündest dich mit den Händlern, indem du ihnen all das gestattest. Ich habe geglaubt, daß mit meinem Rätsel klar wird, welche Aufgaben eine Älteste hat! Ich habe geglaubt, du würdest deinen Aufgaben nachkommen!« – »Wir reden im Kreis!« behauptet sie mit wieder fester Stimme. »Du willst mir nicht jene Hilfe geben, die ich benötige!« – »Ein Zeichen des Himmels wird euch erscheinen. Es liegt an dir, ihnen das Zeichen zu erklären!« antworte ich bestimmt, obwohl ich nicht weiß, was geschehen wird. »Was hast du vor?« fragt sie mehrmals, doch ich schweige. Kurz darauf verabschiede ich mich und verlasse den Platz. »Am liebsten wäre mir, du bliebest in deinem Land!« ruft sie mir nach. »Warum soll ich wieder ausbaden, was du mir einbrockst? Zeig mir lieber den Feuerzauber, oder wie man trockenes Gras vermehrt!« Ich drehe mich um und schärfe ihr ein: »Wenn das Zeichen erscheint, versammelst du die Bewohner der Siedlung. Du forderst sie auf, all ihre Beute auf den Platz in der Mitte der Hütten zu bringen. In dem Augenblick, wo das letzte Stück auf dem Haufen liegt, wird das Zeichen verschwinden! Dann soll jeder an sich nehmen, was er benötigt, den Rest verwahrst du in deinem Haus!«

Während ich den Pfad zum Becken im Tal des östlichen Grenzbaches entlanglaufe, überlege ich, was für ein Zeichen ich schicken soll. Als ich mit dem Rücken voran über den Bach springe, weiß ich, daß mir irgendwann etwas Geeignetes einfallen wird. Noch sind die Krieger des Königs fern, mir bleibt genügend Zeit, die Macht der Händler zu brechen.

*

Das dreißigste Kapitel, worin der hl. Pieslwang erzählt, wie der Himmel ein Zeichen schickt.

Nach der Schneeschmelze packe ich meinen Bärenfellsack und mache mich auf den Weg zu meinen Nachbarn. Meine Tochter fürchtet sich vor mir, die Älteste der

Nachbarn empfängt mich kühl: »Wir sind durch die Stadt der Wünsche gegangen, um miteinander ein Kind zu zeugen. Wenn du eine Tochter haben willst, mußt du dich um sie kümmern, sonst vergißt sie dich!« Erst nach einigen Tagen legt sich die angespannte Stimmung. Während meine Tochter sich wieder an mich gewöhnt hat und mit mir im Wald herumspaziert, wo ich ihr junge Füchse zeige, sieht mich die Älteste oft für einen Augenblick traurig an.

An einem milden Abend gehe ich mit ihr zur oberen Weide. Wir setzen uns an die sonnenwarme Steinmauer und blicken ins Tal des großen Flusses. »Ich weiß, daß du nichts von meinen Zaubereien hältst!« beginne ich zu sprechen. »Ich halte überhaupt nichts davon!« unterbricht sie mich. »Schon vor langer Zeit habe ich dir das gesagt, du aber willst es nicht verstehen. Du weißt nicht, was es heißt, ein Ältester zu sein, du weißt nicht, wie es ist, in der Siedlung zwischen den Flüssen zu leben. Vor allem aber versuchst du etwas durchzusetzen, das die Menschen nicht wollen. Ein Ältester, und wäre er der mächtigste Zauberer, darf nichts gegen seinen Stamm unternehmen!« – »Sie vergessen, wie wichtig es ist, miteinander zu teilen. Sie werden bald auch einander vergessen und den Kriegern des Königs wehrlos ausgeliefert sein. Die Jäger werden sich den Kriegern anschließen, die Händler werden für sich Vorteile sehen, für die übrigen Menschen aber brechen harte Zeiten an. Ist es nicht die Aufgabe eines Mannes, der so etwas kommen sieht, dagegen aufzustehen?« Sie antwortet ohne nachzudenken, als kenne sie meine Einwände und habe längst eine Antwort darauf: »Sie werden Untertanen des Königs sein, wogegen nichts hilft, schon gar nicht Gewalt.« – »Und wenn ich ihnen erkläre, was sie zu verlieren haben?« stelle ich eine Frage, auf die ich ihre Antwort weiß: »Sie werden dir nicht glauben.«

»Was aber hat das mit uns zu tun?« bringe ich das Gespräch dorthin, wo ich es haben will. »Nichts!« antwortet sie traurig. »Es ist gleichgültig, wie du ihre neuen Bräuche beurteilst. Doch ich sehe, daß du dich in ein Vorhaben verlierst, das zum Scheitern verurteilt ist. Du hörst meine Sicht, doch du kannst sie nicht achten. Weil du weißt, daß ich recht habe, ziehst du dich in deine Höhle zurück und zauberst heimlich vor dich hin.« Zum ersten Mal glaube ich, sie verstehen zu können, und ich schweige lange. Irgendwann redet sie leise weiter, ich höre nicht zu, dann verstehe ich drei Sätze: »Ich habe Angst, daß du dich in deine Pläne verlierst, es paßt zu dir. Noch kannst du zurück. Wenn du aber ohne Einsicht weitermachst, wird es dich dein Leben kosten.« Ich kann mir das nicht vorstellen und versuche sie zu beruhigen, sie aber wiederholt ihre Sicht. »Du hast vor langer Zeit beschlossen, dich um sie zu kümmern! Diese schwierige Aufgabe wohnt seither in deinem Kopf und deinem Herzen. Du wirst sie nicht vergessen können!« Bis spät in die Nacht bleiben wir schweigend sitzen, dann nimmt sie mich an der Hand und wir laufen zu den Hütten zurück.

Ich bleibe bei meinen Nachbarn und vergesse die Menschen in der Siedlung zwischen den Flüssen. Wenn Händler kommen, bleibe ich in der Hütte. Die Jäger gehen mit mir in die Wälder, ich helfe beim Bestellen der kleinen Äcker im Tal. Manchmal tolle ich mit den Kindern herum und freue mich darüber, wie geschickt meine Tochter springt und klettert. Selten nur laufe ich in meine Höhle und lege Holz nach, nie aber bleibe ich dort über Nacht.

Einmal finde ich am östlichen Grenzbach Spuren von Menschen, die nach der Dicke der Ascheschicht in der Feuerstelle wohl zwei Nächte auf mich gewartet haben. Ich überlege, ob ich auf den Berg meines flachen Landes gehen und vom Turm in der steinernen Stadt aus nachsehen soll, ob sie Hilfe benötigen. Meine Schritte aber bringen mich zu meinen Nachbarn zurück.

Die Älteste der Nachbarn blickt mich nicht mehr traurig an, unser Leben aber hat die Leichtigkeit des vergangenen Jahres verloren. Auch die Menschen der kleinen Siedlung sind unruhig. Es kommt zu Streitigkeiten, manchmal schreit jemand zornig, der als leiser Mensch bekannt ist. Vielleicht ist es immer schon so gewesen, daß es ruhige und unruhige Zeiten gegeben hat, doch ich befürchte immer öfter, daß das die Vorboten der großen Veränderungen sind.

Als der längste Tag im Jahr nahe ist, verabschiede ich mich von meinen Nachbarn und kehre zu meiner Höhle zurück, wo ich vier oder fünf Nächte bleiben will. Die Älteste blickt mir kurz in die Augen, doch sie sagt kein Wort. In meinem Land ist es friedlich. Meine Feuerwand hält die Unruhe fern, meine Katze empfängt mich voll Freude. Ich streife in der Nacht durch den lichten Wald und liege tagsüber in der Sonne auf der in diesem Jahr breiten Schotterbank. Am vierten Abend bringt mich mein Streifzug zur Fünfwegekreuzung. Ich steige den Hang ins flache Land hinauf und verfolge den Abbruch zum Tal des kleinen Flusses. Nicht weit von jener Stelle, wo auf einer Geländestufe im Hang die kleinen Tümpel liegen, halte ich unter einem mächtigen Kastanienbaum. Im Licht des aufgehenden Mondes sehe ich die winzigen grünen

Kugeln, in denen die im Herbst braunen Früchte reifen. Ich setze mich unter den Baum und lehne mich an den breiten Stamm.

Um mich ruht der Wald so friedlich, wie ich es den ganzen Frühling lang nie erlebt habe. Ich überlege kurz, ob es mir nicht möglich wäre, eine mächtige Feuerwand von den dunklen Bergen im Süden bis zu den Hügeln jenseits des großen Stroms im Norden zu errichten. Sie müßte zu meinen Lebzeiten die Macht des Königs und seiner Krieger brechen können. Bald aber verliert sich mein Denken in das Mondlicht. Ich schließe die Augen und spüre den milden Wind aus dem Süden. Mir ist, als läge ich wie ein Steinblock unter dem Baum. Im Winter ruhe ich unter einer Schneedecke, im Frühjahr benetzt mich warmer Regen. Die Sommersonne wärmt mich, die ersten Stürme des Herbstes lassen die braunen Früchte des Kastanienbaums auf mich fallen. Die Kugeln springen nach dem Aufprall weg und laufen zwischen die Büsche. Mehr und mehr stürzen von den Ästen, ich spüre die Schläge nicht. Die Kastanien sammeln sich zu einem kleinen Fluß und rollen den Hang hinunter, wie ein Schwall braunen Wassers suchen sie ihren Weg durch gefallenes Laub. Sie umspülen die Stämme der Bäume, schwappen in den kleinen Fluß und füllen sein Bett. Dort strömen sie weiter talwärts, und immer noch beutelt der Sturm Früchte vom Baum, als hingen an den Ästen riesige Säcke voller Kastanien. Der Kastanienfluß überschwemmt das Land. Als er die Siedlung zwischen den Flüssen erreicht, versinken die Menschen bis zum Bauch in den braunen Kugeln.

Plötzlich weiß ich, daß genau das das Zeichen des Himmels ist, von dem ich der Ältesten erzählt habe. Ich springe auf und eile zur steinernen Stadt. Von der Turmkrone aus sehe ich, wie die Menschen aus den unter dem Gewicht der Kastanien zusammenbrechenden Hütten stürzen. Rasch befolgen sie die Anordnungen der Ältesten, sie schleppen Säcke und Geldbeutel auf den noch freien Platz in der Mitte der Siedlung. Als der letzte Händler seinen Geldbeutel auf den Haufen wirft, verebbt der Kastanienstrom. Die Früchte werden vom Fluß fortgeschwemmt, so können die Kastanien aus den Siedlung den Hang hinunterrutschen. Bald erinnern nur mehr wenige braune Kugeln an das Ereignis.

Die Älteste erklärt, daß jeder an sich nehmen kann, was er benötigt. Schon greifen die Händler nach ihren Geldbeuteln, die Jäger holen die schönsten Stücke getrockneten Fleisches, die Fischer ihre getrockneten Fischseiten. Die Schwächeren und Alten gehen leer aus, wie sie all die Jahre zuvor leer ausgegangen sind. Mich packt schrecklicher Zorn, und um ein Haar hätte ich die ganze Siedlung in Brand gesteckt. Während ich die steinernen Stiegen hinuntereile, um Brennholz zu holen, verliert sich mein Zorn in Trauer. Im Morgengrauen schwimme ich im kühlen Wasser meines Sees und versuche, die Menschen in der Siedlung zwischen den Flüssen für immer zu vergessen.

*

Das einunddreißigste Kapitel, worin der hl. Pieslwang erzählt, wie er den Menschen hilft.

Bald lebe ich bei meinen Nachbarn, als wäre ich schon immer einer von ihnen gewesen. Ich arbeite und feiere mit ihnen und gelte als geschicktester Jäger, worüber ich mich freue. Ich beobachte die Älteste, wie sie Ratschläge gibt, manchmal bespricht sie das eine oder andere mit mir. Unsere Tochter wächst rasch, und bald beginne ich, ihr manches von dem zu zeigen, das ich in meinem Land gelernt habe. Während sie für vieles zu ungeduldig ist, kann sie ohne lange zu sitzen ihr Gedankenauge reisen lassen. Mitten im Spiel fliegt es über das Land und sieht alles. Sie führt mich zu einem Busch und zeigt mir ein Nest, in dem soeben die jungen Vögel aus den Eiern kommen, ein andermal läuft sie zum talseitigen Tor, wo kurz darauf ein Händler aus der Siedlung zwischen den Flüssen erscheint. Sein Kommen erinnert mich daran, daß ich mich vor langer Zeit dafür entschieden habe, den dort lebenden Menschen zu helfen.

Jedes Mal, wenn der Mond voll wird, kehre ich für einen oder zwei Tage in mein Land zurück, nur im Herbst bleibe ich längere Zeit, um Brennholz zu sammeln. Nun kehre ich nicht mehr auf dem kürzesten Weg zu meinen Nachbarn zurück, sondern gehe den Umweg entlang des östlichen Grenzbaches. Nie aber finde ich am Treffpunkt im kleinen Kessel frische Spuren. Da man in der Siedlung anscheinend keine Hilfe benötigt, steige ich auch nicht auf den Berg, um vom Turm in der steinernen Stadt aus ihren Reden zu lauschen.

Es mag der sechste Winter nach dem Kastanienfluß sein, als ich in der Dämmerung am östlichen Grenzbach den unruhigen Schein von Flammen bemerke. Nahe gekommen erkenne ich einen der Jäger, die ich im Feuerring gefangen habe. Er sieht mich, springt auf und läuft mir bis zum Wasser entgegen. Mehrmals beteuert er, daß er mich nie habe fangen wollen, die anderen hätten ihn dazu gezwungen, dann klagt er mir sein Leid. Seit dem Sommer habe er nicht ein Stück Wild erlegt, seine Pfeile gingen immer daneben. Früher habe er zumindest mit jedem zweiten Schuß gut getroffen. »Gib mir deine Pfeile und warte, bis ich damit wiederkomme!« befehle ich ihm. Kurz darauf springe ich mit dem Köcher in der Hand über den Bach. Zur halben Nacht gelingt es mir, ein schlafendes Reh zu überraschen. Ich packe es, binde ihm die Läufe zusammen und ritze die Haut, bis ein kleiner Blutstropfen hervorqillt. Schon benetzt der Tropfen eine der Pfeilspitzen und ich lasse das Tier frei. Dann verteile ich das Blut auf die übrigen Pfeile. Im Morgengrauen kehre ich zum Jäger zurück, gebe ihm seinen Köcher und flüchte vor seinem Dank in mein Land zurück.

Zum nächsten Vollmond warten drei Menschen auf mich. Eine Frau klagt, daß sie kein Kind bekommt. Ein Mann hat sich einen Arm gebrochen, der andere will von mir wissen, ob er wie ich in die Welt hinausziehen soll. Den Kranken zeige ich Kräuter, von deren Wirkung ich selber bis zu diesem Tag nichts gewußt habe, dem dritten trage ich auf, meinen mit Apfelwein gefüllten Wasserbeutel auszutrinken. »Geh alleine entlang des Flusses in die Siedlung zurück. Wenn du Wasser abschlagen mußt, suche eine mächtige Linde und erleichtere dich gegen ihren Stamm. Wenig später wirst du sie sprechen hören. Du kannst ihr deine Frage stellen und sie wird dir antworten!«

Bald treffe ich zu jedem Vollmond Menschen aus der Siedlung zwischen den Flüssen. Ich gebe ihnen Ratschläge, helfe ihnen, Verlorenes zu finden oder gebe ihnen Kräuter, die gegen Krankheiten helfen. Viele bringen mir Geschenke und ich komme oft mit einem gefüllten Sack zu meinen Nachbarn zurück, wo ich alles im Versammlungsraum auflege. Die Älteste meint, daß sie mit meiner neuen Art, mich um die Menschen zu kümmern, schon eher einverstanden sei. Ich dürfe aber nicht alle Wünsche erfüllen. Ein guter Ältester prüfe immer, ob es sich um ein Anliegen handle, das den Einsatz von Kräften, wie sie mir zur Verfügung stünden, auch lohne. Für manchen sei es besser, eine Krankheit zu überstehen, manch verlorener Gegenstand sei zu recht verloren gegangen. »Du schaffst einen Zustand, der außerhalb der Wirklichkeit steht! Es stimmt nicht, daß es kein Leid mehr gibt. Wenn du alles ohne Ausnahme nach ihrem Wunsch fügst, nimmst du ihnen einen Teil des Lebens weg!« Als ich dem entgegenhalte, daß ich bloß versuche, ihnen wieder Achtung vor den Ältesten beizubringen, lacht sie: »Du willst sie durch Geschenke verändern?« – »Was mir gelingen wird!« beharre ich auf meinem Weg.

Eines Abends wartet einer der Händler auf mich. Beim Versuch, eine große Menge eingetauschter Metallgegenstände mit einem Floß über den großen Fluß in die Siedlung überzusetzen, seien unter der Last die Stricke gerissen. Alle Waren lägen nun am Grund des Flusses. Schon seit Tagen versuchten die Fischer und Jäger, die gesunkenen Stücke aus dem Wasser zu holen, doch es gelinge nicht. Ich überlege lange, ehe ich meine Hilfe unter der Bedingung zusage, daß er in Zukunft auf die Worte der Ältesten hören müsse. Er erklärt sich einverstanden, und ich trage ihm auf, sich am Morgen mit einigen Männern am Ufer des Flusses einzufinden.

Ich hole Glut aus dem Ofen in meiner Höhle und eile auf den Hügel, der das Tal des großen Flusses einengt. Rasch sammle ich im beinahe taghellen Wald Holzprügel, wenig später brennt ein mächtiges Feuer. Ich setze mich daneben und starre in die Flammen, bis sie Glutkinder gebären. Es wird wohl im Morgengrauen sein, als sie in breitem Strom den Hang hinunterfließen und in die Schlucht stürzen. Anfangs erlöschen sie, wenn sie ins Wasser fallen, bald aber verdampft es mit mächtigem Brausen. Der Feuerstrom frißt sich zum Grund der Schlucht, ich werfe Holz ins Feuer und lasse tausende Glutkinder entstehen. Unten wächst eine Feuermauer, die das Fließen aufhält. Erst am späten Vormittag, als das Wasser den oberen Rand der Schlucht erreicht, lasse ich die Feuerwand kleiner werden, am Abend ist das aufgestaute Wasser ohne eine für die Siedlung gefährliche Flutwelle abgeflossen. Erschöpft kehre ich in meine Höhle zurück und schlafe lange in den nächsten Tag hinein.

Am Rückweg zu den Nachbarn treffe ich den Händler mit zwei Begleitern. Er fällt mir zu Füßen und läßt mir einen Sack voller Geschenke geben. Der Fluß sei zu einem Rinnsal geworden, trockenen Fußes habe man die eingetauschten Waren in die Siedlung holen können. Alle seien noch heute voll des Staunens über die Kraft des mächtigsten Zauberers, der hier je gelebt habe, alle seien glücklich darüber, daß dieser mächtige Zauberer beschlossen habe, ihnen zu helfen. Ich erinnere ihn an sein Versprechen und nehme den Sack auf die Schulter.

Diesmal macht mir die Älteste Vorwürfe. Der Zauber habe nichts bewirkt, gerade die Händler dächten nicht im Traum daran, die alte Ordnung zu beachten. »Ich bin der

Mächtige Zauberer und –«, beginne ich meine Antwort, doch sie fällt mir ins Wort: » – setze mich über alle Gesetze hinweg! So mußt du sprechen und danach sofort zu denken beginnen!« Dann weist sie mich aus ihrer Hütte. Ich kehre in meine Höhle zurück. Dort schüre ich das Feuer, bis tausende Glutkinder wie hungrige Wölfe um mein Land hetzen, sie werden noch leben, wenn ich schon lange gestorben bin. Ich bin der mächtigste Zauberer, selbst große Flüsse kann ich anhalten. So werde ich auch die Krieger des Königs im Westen für immer an ihrem Weitermarsch hindern.

Erst nach Wochen besuche ich meine Tochter. Die Älteste erklärt mir, daß ich fortan wieder bei ihr wohnen kann. Ich verdanke diese Entscheidung nur den Bitten unserer Tochter, der ich diesmal sehr abgegangen bin. »Solltest du aber einen Berg versetzen oder sonst einen mächtigen Zauber anstellen, kann ich dich nicht mehr aufnehmen! Auch dir müssen Grenzen gesetzt werden!« Den Winter über bleibe ich bei ihnen und besuche meine Höhle nicht. Die Älteste erzählt an den kalten Abenden Geschichten, die sie von ihrer Mutter gehört hat. Irgendwann ist mir dabei, als wäre ich tatsächlich zu weit gegangen. Der Wert eines mit Waffen, Kupferkesseln und Eisenbarren gesunkenen Floßes rechtfertigt so einen gewaltigen Eingriff nicht, ja der Zauber erhöht den Wert auf ein zu hohes Maß.

*

Das zweiunddreißigste Kapitel, worin der hl. Pieslwang erzählt, wie er sich zu erinnern versucht.

Es ist tiefer Winter, als ich mich von meinen Nachbarn verabschiede. Ich gehe zu jener Stelle, wo mein flaches Land im Halbrund steil abfällt, dann stehe ich auf einer der dreizehn Lichtungen. Vier riesige Eichen begrenzen den Platz, ich setze mich auf den bemoosten Stamm der fünften, vor langer Zeit gefallenen Eiche. Von hier aus bin ich auf den Berg gestiegen, hier habe ich meine Fragen beendet und mich dafür entschieden, den Menschen in der Siedlung zwischen den Flüssen zu helfen. An alles, was davor gewesen ist, kann ich mich kaum erinnern.

Fünf Wege führen von hier in fünf Richtungen, alle bin ich gegangen. Jetzt, so scheint mir, gilt es einen sechsten Weg zu finden. Ich erhebe mich und stapfe durch den tiefen, lockeren Schnee, ich wähle jene Richtung, in die mich meine Beine tragen. Irgendwann stehe ich im steil abfallenden Tal des südlichen Grenzbaches, wo ich mich umdrehe und geradeaus weitergehe, die neue Spur entfernt sich rasch von der alten. Immer wieder erreiche ich die Grenzen meines Landes, immer wieder kehre ich dort um, wähle eine neue Richtung, stapfe geradeaus durch den tiefen Schnee, laufe steile Hänge hinunter oder klettere Abstürze hinauf. Immer öfter kreuzt die neue Spur früher begangene Wege, zunächst sind die dunklen Löcher in der Schneedecke nur wenige Stunden alt. Als Nächte und Tage vergangen sind und ich immer noch kreuz und quer geradeaus gehe, unterscheide ich das Alter der oft nur wenige Schritte voneinander entfernt meinen Weg kreuzenden Spuren.

Irgendwann bringt mich mein Gehen geradewegs zum Eingang meiner Höhle. Ich betrete sie, als wäre sie fremd, finde getrocknete Vorräte, wärmendes Feuer im Ofen und eine Katze, die bettelnd um meine Beine streift. Als sich meine Augen an das Dämmerlicht gewöhnt haben, sehe ich an der Hinterwand der Höhle einen Haufen von der Höhlendecke gestürzter Steine. Darunter liegt eine vertrocknete Leiche, die in ein zerfallendes Bärenfell gekleidet ist. Als ich sie erkenne, fällt mir folgende Geschichte ein: Ein Mann, vom Blitz getroffen, ist vor einer Höhle erwacht. Sechs Tage lang hat er geruht, am siebenten Tag aber hat er angefangen, die Höhle für den Winter vorzubereiten. Er hat den Eingang mit Steinen und Ästen verschlossen, bis nur mehr ein schmaler Durchlaß freigeblieben ist. Er hat Vorräte angelegt und einen Ofen gebaut. Der Himmel hat ihm einen Platz zugewiesen, dort ist er geblieben. An so einem Platz hat ein Leben gelingen müssen. Spuren davon sollten in der Höhle zu finden sein.

Nach einer ausgiebigen Mahlzeit beginne ich mit der Suche. Ich packe den Toten in einen Fellsack, um ihn später zu verbrennen, dann trage ich Stein um Stein vor die Höhle. Bevor ich die Brocken den Hang hinunterwerfe, drehe ich sie um und betrachte sie genau, keiner aber trägt eine eingeritzte Botschaft. Bis zum Abend habe ich so viele Steine entfernt, daß an der Hinterwand der Höhle eine Mulde entstanden ist. Im Morgengrauen trage ich die Steine aus einem Loch, über dessen Rand ich nicht mehr blicken kann, in der folgenden Nacht klettere ich schon fünfzehn Sprossen tief über eine mit Stricken gebundene Leiter. Gegen Ende der Nacht bemerke ich Luftzug aus einem Spalt. Ich spähe hinein.

Unter mir liegt das flache Land. Die Spuren im Schnee leuchten wie Glut, ein rotes Netz durchzieht den Wald. Jede der Maschen hält ein Tier gefangen. Ich sehe Rehe, Hirsche, Wildschweine, Hasen und Füchse in den Feuerkäfigen sitzen. Sie schließen die Augen und starren mich durch die geschlossenen Lider an. Ihnen wird leicht im nach hinten gebogenen Kopf, ihnen wird hell bis ins Herz, und ihr Weg führt über die Wipfel. Wie Vögel gehen sie durch die Luft, der Boden aus Sternenstaub trägt sie. Sie öffnen die Augen, um deutlicher zu erkennen. Das flache Land liegt unter ihnen. Ihre Spuren leuchten wie Glut, unzählige rote Netze durchziehen den Wald, jede Masche hält einen Schneeball gefangen. Wir sehen, wie der Schnee schmilzt, die Glutpfade aber erlöschen nicht und verbrennen den bald trockenen Boden.

Als wir ins flache Land hinuntersteigen, stehen wir auf verkohltem Holz. Die Rehe und Hirsche laufen hinunter zum kleinen Fluß, überqueren ihn und verschwinden im Wald. Die Wildschweine wühlen nach Eicheln und Bucheckern. Die Füchse stürzen sich auf die Hasen, nur wenige können sich durch rasche Flucht retten. Ich setze mich auf den verkohlten Stamm einer gefallenen Eiche, beuge den Kopf, öfne die Augen und starre ins Dunkel. Als nach einer Zeitspanne, die für zwei Nächte reicht, noch keine Dämmerung zu erkennen ist, stelle ich mir vor, ich säße auf dem Baumstamm an der Fünfwegekreuzung. Die Sonne steht tief, ich erhebe mich und gehe durch den von rötlichem Licht erhellten Wald zurück zu meiner Höhle. Ich setze mich zum Feuer, starre in die Flammen und beschließe, daß es nicht so sein darf, wie ich gesehen habe. Wenn der Himmel ihm einen Platz zugewiesen hat und er dort geblieben ist, darf sein Platz nicht verbrennen. Ich habe vor langer Zeit die Fragen hinter mir gelassen, der Blick in die Vergangenheit hat mir bloß die Folgen eines Irrweges gezeigt. Entschlossen springe ich auf und steige die Leitersprossen hinunter. Ich will jetzt die Spuren des gelungenen Lebens finden.

Endlich tut sich seitlich ein Gang auf. Nachdem ich ihn freigelegt habe, taste ich mich durchs Dunkel. Bald stehe ich im Kellergeschoß des Turms der Ältesten. Die Treppe bringt mich auf den Turm in der steinernen Stadt, und ich weiß, was das bedeutet: Meine Entscheidung, Berater der Ältesten der Siedlung zwischen den Flüssen zu werden, ist richtig gewesen. Lange blicke ich auf die verschneiten Häuser und höre ihre Reden. Der Schnee auf den Dächern und die Stimmen spiegeln den roten Schein aus dem Westen, und ich weiß, daß ich dagegen etwas unternehmen werde. Weil mich der Himmel an diesen Platz gesetzt hat und weil ich hier geblieben bin, bin ich zum Mächtigen Zauberer geworden. Es liegt in meiner Macht, unüberwindbare Feuermauern zu errichten, Länder zu verbrennen und Flüsse vertrocknen zu lassen. Auch der rote Schein wird verschwinden.

Ich steige die Stufen hinunter und trete in die von Eis bedeckten Straßen. Die Eisschicht ist so dick, daß sich die Türen der Häuser nicht öffnen lassen. Wütend rüttle ich mit aller Kraft an Türschnallen. Schließlich beruhigt die eisige Kälte meinen Zorn, und ich eile durch die Straßen auf der Suche nach einer Tür, die ins Hausinnere zu öffnen ist. Erst in der Dämmerung entdecke ich in einem Winkel eine offene Luke. Ich krieche in das dunkle Loch, gelange in einen gekrümmt laufenden Schacht und entkomme der

Stadt. Vor mir liegt der sommerheiße Wald meines Landes, senkrecht bricht das Land zum kleinen Fluß ab. Ich kenne die Stelle, die nicht weit von der Fünfwegekreuzung entfernt ist, lege mich ins weiche Moos und lasse die Beine über den Abgrund baumeln. In der Abenddämmerung erwache ich aus dem Schlaf. Ich packe in der Höhle meinen Fellsack und kehre zu meinen Nachbarn zurück. Zufrieden laufe ich durch den lichten Wald des flachen Landes. Zum ersten Mal haben sich Kreise geschlossen, ich weiß, daß ich die Zukunft auf festen Boden baue.

*

Das dreiunddreißigste Kapitel, worin der hl. Pieslwang erzählt, wie er seiner Tochter sein Land zeigt.

Im jenem Sommer, da meine Tochter zwölf Jahre alt geworden ist, nehme ich sie in mein Land mit. Immer wieder hat sie gefragt, wie ich vor ihrer Geburt gelebt habe, daraus schließe ich, daß es an der Zeit ist, sie in manches einzuweihen. Wenige Tage nach der kürzesten Nacht füllen wir unsere Tragsäcke und steigen zur oberen Weide hinauf. Sie läuft kräftig und leicht dahin, und zum ersten Mal in meinem Leben muß ich mich anstrengen, um mithalten zu können. Beim Gatter in meiner unsichtbaren Feuerwand hole ich sie ein. »Wie alt bist du eigentlich?« fragt meine Tochter. »Ich weiß es nicht!« antworte ich nach langer Pause und öffne das Gatter. »Ich lebe sicher schon vierzig Jahre in dieser Welt, vielleicht auch fünfzig!« – »Warum kann ich hier nicht weitergehen?« will sie wissen. »Weil da eine unsichtbare Flammenwand steht!« erkläre ich nichts und schließe das Gatter hinter uns.

Im lichten Wald geht sie neben mir und stellt Frage um Frage. Ich bemühe mich, alles zu beantworten, bald aber strengt mich das Spiel an. Ich lenke sie ab, indem ich ihr Tierspuren und die Kuhle der Wildschweine zeige. In meiner Höhle bereite ich ein zweites Lager, während sie mit der Katze spielt. Dann erst entdeckt sie, daß im Herd ein kräftiges Feuer brennt. »Lebt hier noch jemand?« will sie wissen. »Mein Feuer erlischt nicht!« antworte ich. Sie starrt lange in die Flammen und denkt nach. »Mein Feuer nährt die unsichtbare Wand, die mein Land umgibt. Jahrelang habe ich es angestarrt und durch meine Blicke gezähmt. Komm jetzt, ich will dir etwas zeigen!«

Die Sonne steht hoch, als wir zu der vom östlichen Grenzbach in den kleinen Fluß geschwemmten Schotterbank laufen. Ohne Last bin ich so schnell wie sie, was mich beruhigt. »Hier ist es wunderschön!« ruft sie, zieht sich aus und springt ins Wasser. Ich sehe ihr lange zu, wie sie schwimmt und taucht, und bin stolz darauf, eine so geschickte Tochter bekommen zu haben. Erst als sie mich anspritzt, springe auch ich in den Fluß. Später liegen wir auf den Fellen und spüren die Sonne auf der Haut. Deutlich erinnere ich mich an die Tage, als ich hier gelegen bin, und ich beginne zu erzählen:

»Irgendwann habe ich meine Siedlung verlassen und bin losgewandert. Ein Schlag des Himmels hat mich in mein Land gesetzt. Aus meinen Wanderjahren ist mir kein Bild in Erinnerung geblieben, zu schnell ist alles an mir vorbeigezogen. Ich hatte lernen wollen und habe nichts gelernt.

Die Jahre in der Höhle haben mich mehr gelehrt als all die Wanderjahre. Sie haben mir mehr Neues gezeigt, als ich je zu sehen gehofft hatte. In der Ruhe ist mein Blick schärfer geworden. Durch die mich nie weit von der Höhle entfernenden Streifzüge habe ich das Neue im Alten gesehen, das Neue im Kleinen, das Neue in der Nähe. Ein Baum in Winterkälte, in aufsteigendem Saft, voll Blattknospen und in Blüte betrachtet, läßt das Herz weit werden. Ein Reh, von der Schlafmulde zur Tränke, zur Weide und zur Mittagsruhe begleitet, zeigt, was ein Tag bedeutet. Nur die Einsamkeit hat mir Raum gegeben, das alles zu erleben.«

Ihr Blick zeigt mir, daß sie mich nicht verstanden hat. Wir fangen Fische und sammeln Holz für eine Feuerstelle, sie läuft zu meiner Höhle, um Glut und Brotfladen zu holen. Während des Essens erklärt sie, daß sie sich nicht vorstellen kann, wie es ist, alles zu vergessen. »Da ich alles bis zum Ende der Wanderung vergessen habe, ist die Zeit davor für mich bedeutungslos. So einfach ist das!« – »Hast du dich nie nach deinen Eltern gesehnt?« Sie blickt mich erschreckt an und rückt ein Stück näher, als stünde sie jetzt alleine in der Welt. »Ich war wohl alt genug, um alleine leben zu können!« versuche ich mir selber eine Antwort zu finden. Meine Tochter schweigt lange. Als es dunkel ist, schlage ich vor, durch den Wald zu streifen. »Jahrelang bin ich nur in der Nacht unterwegs gewesen!« erkläre ich, »Das hat meine Sinne geschärft!« Sie läuft hinter mir den östlichen Grenzbach entlang, bald aber wird sie müde und wir gehen zu meiner Höhle. Das letzte Stück führe ich sie an der Hand, weil sie immer wieder über Äste stolpert. Sie schläft bis in den späten Morgen, während ich schon bald vor dem Feuer sitze und in die Flammen starre. Ich weiß jetzt, daß sie vieles von dem, was ich ihr zeigen wollte, noch nicht verstehen kann.

Nach dem Frühstück ist meine Tochter wieder voller Kraft und Ungeduld. »Was zeigst du mir heute?« ruft sie aufspringend wie ein Befehl. Wir laufen zur Fünfwegekreuzung und steigen den Hang hinauf. Verwirrt bleibt sie am Rand des Schilfgürtels stehen. »Gestern sind hier Bäume gewachsen!« sagt sie leise. »Hier ist immer Wald! Wenn du willst, kannst du aber statt des Waldes einen Berg sehen, oder eine Grube, oder einen See!« Langsam folgt sie mir auf dem schmalen Pfad zum Ufer, in den ausgehöhlten Baumstamm steigt sie erst, als ich darin Platz genommen habe. Ich paddle los und sehe, wie sie ins Wasser greift und das Holz betastet. »Es wirkt, als wäre es wirklich!« murmelt sie. »Es ist wirklich!« rufe ich und schlage mit dem Paddel aufs Wasser, daß ihr die Tropfen ins Gesicht spritzen. Auf der kleinen Insel führe ich sie in die Höhle und zeige ihr den Steinhaufen an der Hinterwand. »Vor langer Zeit hat hier jemand wie ich gelebt!« sage ich leise. »Fahren wir zurück!« sagt sie, klammert sich an meinen Arm und zieht mich ins Freie. Wir laufen den Hügel hinunter. Statt ans Wasser kommen wir in den lichten Wald des flachen Landes. Ich bleibe stehen und starre sie an. »Es ist mir lieber so!« sagt sie beiläufig. »Während der Fahrt im Boot habe ich immer vor einem Absturz Angst gehabt!« – »Sie wird meine Nachfolgerin!« denke ich und lache. »Was gibt es noch zu sehen?« ruft sie, als wäre das soeben Geschehene alltäglich. »Gut!« lache ich, »Ich will dir noch etwas zeigen!«

Bei den Eibenschwestern schlage ich Wasser ab, und die Bäume beginnen zu sprechen. »Er glaubt an eine Zukunft, die es nicht gibt!« lacht die eine. »Er wird es früh genug bemerken!« fügt die andere hinzu. »Es macht ihnen Spaß, mich zu ärgern!« sage ich zu meiner Tochter und will weitergehen. »Warte doch! Jetzt will ich es versuchen!« ruft sie und hält mich am Arm fest. »Sie schwatzen bloß vor sich hin!« versuche ich sie davon abzuhalten, sie aber hat sich schon zwischen die Bäume gehockt. »Du bist ein kluges Kind!« sagt die eine Eibe. »Hör nicht zuviel auf den alten Griesgram!« spricht die andere. »Er hat keine Ahnung von der Welt, ist immer alleine herumgesessen!« – »Hört jetzt auf mit dem Unsinn!« rufe ich zornig, und sie verstummen. Meine Tochter lacht: »So habe ich dich noch nie gesehen! Aber es ist nicht nur dumm, was sie sagen!« – »Natürlich nicht!« antworte ich ärgerlich und gehe in den Wald.

An den folgenden drei Tagen brennt die Sonne heiß vom Himmel. Wir bleiben auf der Schotterbank, entfachen das Feuer, braten Fische, schwimmen um die Wette oder liegen auf den Fellen. Sie stellt Frage um Frage, und ich bemühe mich, alles so gut wie möglich zu beantworten. Als ich ihr erklären will, wie man eine Feuerwand errichtet, sagt sie, daß sie daran kein Interesse hat. Dafür kann ich ihr nicht genug über die Siedlung zwischen den Flüssen erzählen. Die Berichte von meinen Abenteuern mit den Bären lassen ihre Augen glänzen, und sie ist stolz auf mich wie ein kleines Kind. Eines Abends fragt sie vorsichtig, wie ich ihre Mutter kennengelernt habe. Noch nie hat sie mir so aufmerksam zugehört. »Zeigst du mir morgen die steinerne Stadt?« fragt sie. »Ich werde es mir überlegen!« sage ich und streiche mit der Hand über ihren Kopf.

Während meine Tochter schläft, sitze ich vor dem Feuer und überlege, ob ich ihr die Stadt und somit auch den Turm der Ältesten zeigen soll. Ich weiß, daß es für sie zu früh ist und daß ich ihr wie der Ältesten aus der Siedlung zwischen den Flüssen keinen Weg ins Land der Ältesten auftun darf. Dann sehe die Unschuld auf ihrem schlafenden Gesicht und entschließe mich dazu, ihr die steinerne Stadt zu zeigen. Ich werde ihr die Augen verbinden und sie so lange im Kreis führen, bis sie nicht mehr wissen kann, wo sie sich befindet.

Nach dem Frühstück wiederholt sie ihre Bitte. Sie erklärt sich mit meinen Bedingungen einverstanden, und wir packen unsere Tragsäcke. »Kommen wir nicht hieher zurück?« fragt sie überrascht. »Nein!« antworte ich. »Du hast vorerst genug gesehen!« Mit verbundenen Augen, ihr Kopf steckt überdies in einem Sack, führe ich sie lange in meinem Land hin und her. Dann kehren wir in meine Höhle zurück, wir steigen in die Grube und betreten durch den dunklen Gang das Kellergeschoß des Turmes der Ältesten. Erst als wir auf der Turmkrone angekommen sind, nehme ich ihr den Sack und die Augenbinde ab.

Neugierig blickt sie hinunter und bestaunt die steinernen Häuser. »Wer hat sie gebaut?« will sie etwas wissen, das auch ich nicht weiß. »Und wie ist das mit den Wünschen?« – »Durch die Türen der Häuser kommt man an einen Ort, wo der Wunsch in Erfüllung gehen kann!« antworte ich. Bald darauf läuft sie die Stiegen hinunter und tritt in die Straßen der steinernen Stadt. Ich folge ihr und sehe, wie sie lange zögert, ehe sie eine Haustüre öffnet, hineinblickt und die Tür wieder schließt. Nach dem dritten Versuch meint sie enttäuscht: »Es ist immer nur Wald dahinter!« – »Du wirst auch hinter den anderen Türen genau diesen Wald finden!« kann ich sie nicht trösten. Entschlossen tritt sie durch ein Tor, und ich folge ihr zur Linde auf dem Hügelkamm.

Die Älteste der Nachbarn sitzt dort an den Stamm gelehnt. Sie staunt darüber, daß wir plötzlich vor ihr stehen. Als unsere Tochter am Abend eingeschlafen ist, fragt sie mich entsetzt: »Du hast ihr doch nicht den Turm der Ältesten gezeigt?« Ich berichte von den mit verbundenen Augen gegangenen Irrwegen, doch das beruhigt sie nicht: »Du unterschätzt sie! Sie nimmt mehr wahr, als du glaubst!« Nochmals versichere ich ihr, daß unsere Tochter den Turm nicht finden kann. »Sie hat noch viel zu lernen! Wenn du ihr auch nur ein winziges Zauberkunststück beibringst, lasse ich sie nie mehr mit dir alleine fortgehen! Sie ist noch nicht in der Lage, sich für etwas zu entscheiden!« sagt die Älteste ärgerlich. »Vielleicht unterschätzt du sie auch!« versuche ich zu beruhigen. »Ich habe Angst, daß du sie in deine Pläne hineinziehst!« schließt sie das Gespräch und gibt mir zu verstehen, daß sie meine Gedanken erahnt.

*

Das vierunddreißigste Kapitel, worin der hl. Pieslwang erzählt, wie er zum Rat der Ältesten geht.

Es sind wohl zwei Jahre seit meinem letzten Besuch des Treffpunktes vergangen, als ich mich beim Anlegen der Vorräte für meine Höhle wieder an die Menschen in der Siedlung zwischen den Flüssen erinnere. Zu meinem Erstaunen erwarten mich in der Vollmondnacht Menschen im Kessel am östlichen Grenzbach. Ich erfülle ihre Bitten und verspreche, fortan wieder zur üblichen Zeit hier zu erscheinen. Dann laufe ich zurück in meine Höhle, wo ich die Älteste der Nachbarn vor meinem Ofen sitzen sehe.

»Komm!« sagt sie und springt auf. »Was ist geschehen?« frage ich, doch sie klettert bereits in das Loch an der Hinterwand der Höhle. Ich folge ihr so schnell ich kann. Durch verschiedene Eingänge kommen mir unbekannte Frauen und Männer in den Turm, die Älteste kennt einige von ihnen und begrüßt sie herzlich. Alle steigen langsam zum Erdgeschoß hinauf und treten durch eine eisenbeschlagene Tür, die ich noch nie gesehen habe. Vor mir geht ein alter, anscheinend blinder Mann, denn er tastet sich die Mauer entlang, bis ich ihm meine Hilfe anbiete und ihn am Arm führe. »Du bist der Fremde, den man den Mächtigen Zauberer nennt!« sagt er plötzlich und hält auf einer Stufe an. »Ja!« antworte ich, erstaunt darüber, daß er mich kennt. »Vielleicht kannst du helfen!« murmelt er vor sich hin und geht weiter.

Der Schritt durch die Tür bringt mich auf eine große, leicht nach Westen abfallende Lichtung. Sie liegt auf einer Erhebung eines niedrigen Gebirgskammes, ringsum wächst dichter Wald. Etwa zwanzig Menschen haben sich bereits um ein großes Feuer versammelt, immer wieder kommt jemand aus dem Turm hinzu, begrüßt Bekannte und setzt sich in den Kreis. Die Älteste der Nachbarn deutet auf die tief unten im Mondlicht liegenden Hügel und zeigt mir die Feuerstelle ihrer Siedlung. Dann nehmen auch wir Platz. Eine alte Frau beginnt zu sprechen:

»Im Norden steht Feuerschein am Himmel, Reiter aus den weiten, flachen Ländern überfallen wieder Gehöfte,

Dörfer und große Siedlungen. Sie nehmen, was sie brauchen können, und stecken die Hütten in Brand, ehe sie weiterziehen. Im Westen wächst eine auf Krieger gestützte neue Ordnung, es heißt, daß sie errichtet wird, um sich gegen die Reiter aus dem Osten schützen zu können. Langsam schließen sich Siedlung um Siedlung diesem von einem König regierten Reich an.

Zunächst kommen die Diener des Sohnes der Großen Mutter. Sie erzählen, daß er nun Herr über die andere Welt sei. Gemeinsam mit den wenig später eintreffenden Kriegen können sie die Ältesten vertreiben oder für sich gewinnen. Die Diener des Sohnes der Großen Mutter nehmen die Türme der Ältesten in Besitz, sie reißen sie nieder und lassen an ihrer Stelle steinerne Häuser errichten, in denen der Sohn der Großen Mutter gepriesen wird. Der König setzt Unterkönige ein, die ihm verpflichtet sind und für ihn Steuern und neue Krieger eintreiben. Gestern haben sich die Menschen in der Siedlung am großen See aus Angst vor den Reitern freiwillig dem König angeschlossen. Es gilt zu beraten, ob etwas zu geschehen hat.«

Der blinde Mann spricht als erster: »Es geht um die Frage, ob die Menschen in Angst leben sollen oder ob sie sich in einer neuen, um vieles schlechteren Ordnung verlieren. Beide Wege gefallen mir nicht. Wer aber kann einen dritten nennen?« Als ich etwas sagen will, hält mir die Älteste der Nachbarn den Finger vor den Mund und flüstert, daß es eine vorherbestimmte Reihenfolge gibt. Ein Teil der Anwesenden will die bisher geltenden Gesetze verteidigen, es sind durchwegs Menschen aus Siedlungen in weit entfernten Gebirgstälern. Die anderen meinen, daß es keinen anderen Weg gäbe, als sich dem Reich des Königs anzuschließen. Eine Frau, die ich nach den ersten Worten als Begleiterin der Ältesten der Siedlung zwischen den Flüssen erkenne, erklärt, daß die neuen Gesetze schon lange gälten. Auch habe sie gehört, daß in vielen Siedlungen im Westen zwar ein vom König eingesetzter Mann Steuern einhebe und Krieger bestimme, die Menschen aber kämen mit ihren Anliegen und Bitten nach wie vor zu den Ältesten. Es sei also möglich, beide Ordnungen zur gleichen Zeit gelten zu lassen.

Als eine der Letzten stellt die Älteste meiner Nachbarn ihre mir bekannte Sicht dar: »Die Macht des westlichen Königs wird sich auch hier durchsetzen. Alle sind schon lange unruhig und warten darauf, daß sich die neue, noch unbekannte Ordnung endlich zeigt, auch wenn keiner diesen Grund für seine Unruhe weiß. Niemand wird sich gegen die neuen Gesetze wehren können, also ist es für das Wohl der Menschen am klügsten, den als Möglichkeit gezeigten dritten Weg zu gehen.«

Als alle gesprochen haben, sehen sie mich an. Ich will schon damit beginnen, sie zum Widerstand aufzufordern, da kommt mir der blinde Mann zuvor: »Du bist doch einer von ihnen gewesen. Kannst du uns sagen, was die Diener des Sohnes der Großen Mutter erzählen?« Ich schaffe es nur, mehrmals zu beteuern, daß ich durch den Blitzschlag jegliche Erinnerung an mein früheres Leben verloren habe, dann versagt mir die Stimme. Mir wird übel, lange Zeit höre ich nichts von dem, was gesprochen wird. Irgendwann verstehe ich die letzten Worte der Frau, die zu sprechen begonnen hat: »So wird also alles kommen, wie es kommen muß. Es mag sein, daß wir uns hier nie wieder treffen. Vielen von uns aber wird es gelingen, das Wissen um die

Große Mutter und die von uns erlernten Fähigkeiten weiterzugeben.«

Alle erheben sich, man steht in kleinen Gruppen beisammen und beredet das Ergebnis des Treffens. Als der Blinde den Versammlungsplatz verlassen will, begleite ich ihn zum Turm. »Bist du sicher, daß ich früher ein Diener des Sohnes der Großen Mutter gewesen bin?« Er denkt lange nach, dann spricht er davon, daß es auch eine Verwechslung sein könnte. Irgendwo in jener Gegend, aus der ich jetzt komme, hat einmal einer in einer Höhle gelebt. »Ich habe einen Toten in einer früher bewohnten Höhle gefunden, er ist durch von der Decke gestürzte Steine zu Tode gekommen!« erzähle ich schnell. »Es ist möglich, daß ich dich mit ihm verwechselt habe!« antwortet der Blinde, und ich sehe ein Lächeln in seinem Gesicht. An der Tür des Turmes verabschiedet er sich und lehnt weitere Hilfe ab. »Wenn die Krieger kommen, muß ich ihnen alleine entgegengehen!« sagt er, klopft mir auf die Schulter und verschwindet im Dunkel. Ich trete zu der kleinen Gruppe, bei der die Älteste meiner Nachbarn steht. Sie stellt mich den beiden anderen Frauen vor, dann brechen auch wir auf.

Vom Turm bei der Linde auf dem Hügelkamm gehen wir zur Siedlung meiner Nachbarn. »Du kannst dich an nichts erinnern?« will die Älteste von mir wissen, und ich berichte von meinem kurzen Gespräch. »Es muß ein anderer gewesen sein!« wiederhole ich das Ergebnis und glaube daran. Als ich am Morgen erwache, schüttelt mich heftiges Fieber. Zwei Tage lang liege ich krank in der Hütte, die Älteste bringt mir bitteren Tee und befragt mich nach meinen Träumen, doch ich kann mich an keinen erinnern. Erst zu Vollmond fühle ich mich wieder so kräftig wie früher.

»Ich muß für kurze Zeit in mein Land zurück!« verabschiede ich mich von ihr. »Es werden viele Tage vergehen, bis wir uns wiedersehen!« antwortet die Älteste traurig, dreht sich um und verläßt die Hütte.

*

Das fünfunddreißigste Kapitel, worin der hl. Pieslwang erzählt, wie er in die Siedlung zwischen den Flüssen geht.

Die Sonne steht hoch und brennt auf mein Land, kräftiger Wind aus dem Süden bringt warme Luft, und es ist, als wäre der Sommer zurückgekehrt. Ich gehe entlang des östlichen Grenzbaches und prüfe die Festigkeit meiner Feuermauer. Sie ist im Lauf der Jahre so stark geworden ist, daß sie sogar Steine abprallen läßt. Ich bin der mächtige Zauberer, meine Kräfte reichen noch für viele wunderbare Taten. Am Treffpunkt im kleinen Kessel sitzt die Älteste der Siedlung zwischen den Flüssen an der Feuerstelle. Sie erhebt sich kurz, um mich zu begrüßen, dann legt sie Holzprügel ins Feuer und setzt sich wieder. »Deine Zaubereien haben bewirkt, daß niemand mehr auf mich hört!« stellt sie mit harter Stimme fest. »Die Händler bestimmen, was geschieht, die Jäger lachen mir offen ins Gesicht, wenn ich sie auffordere, bei der Ernte zu helfen!« Ich schweige lange und suche in Gedanken nach einem Ausweg. Sie bietet mir vergorenen Apfelsaft an, und ich trinke, während sie von Berichten der Händler erzählt. Nur wenige Tagesmärsche weiter westlich, etwa in jener Siedlung am großen See, wo man mit dem aus dem großen Berg geholten Salz handelt, lenkt ein einem mächtigen König untergebener

Mann die Geschicke. »Ich weiß davon!« unterbreche ich sie unwillig. »Ich brauche deine Hilfe!« sagt sie leise, »Ich benötige echte Hilfe und keine Zaubereien!« – »Ich werde mit dir in die Siedlung gehen!« höre ich mich sagen. Sie springt auf und umarmt mich vor Freude.

Wir eilen auf dem breiten Pfad durch den lichten Wald. »Ich habe vor Jahren beschlossen, ihr zu helfen!« denke ich unablässig. In der Abenddämmerung erreichen wir die Lichtung auf dem Absatz im steilen Hang, wo eine Quelle aus der Felswand entspringt die Linde der Ältesten steht. Sie hält an, wendet sich mir zu und fragt leise: »Erfüllst du mir auch meine zweite Bitte?« – »Ich darf dir den Turm der Ältesten nicht zeigen!« antworte ich sofort. »Das meine ich nicht!« sagt sie und umarmt mich. Ich spüre ihren warmen Leib durch meine Kleider, und mir fällt ein, daß wir vor langer Zeit von einem gemeinsamen Kind gesprochen haben. Ich sehe mir zu, wie ich sie umarme, ihr Gesicht berühre und ein Fell unter der Linde ausbreite. Bald streicht der warme Wind über unsere Haut, ihr Atem geht rascher. In dieser Nacht öffnet sich in dem Augenblick, da unsere Körper wie einer geworden sind, der Himmel, und ein Strahl aus Licht trifft unsere Seelen. Zu dritt gehen wir in der Dunkelheit einer mondlosen Nacht zum steinernen Haus der Ältesten. Sie teilt ihr Lager mit mir und redet bis ins Morgengrauen davon, daß das Leben in der Siedlung bald schon nach meinem Willen ablaufen wird. In ein paar Jahren könne ich unserem Kind die ersten Zauberkunststücke beibringen, bald wird es als Älteste über die Siedlung herrschen. Als ich mit böser Stimme erwidere, daß ein Ältester kein Herrscher ist, hört sie zu reden auf, wenig später schläft sie ein.

Ich erhebe mich vorsichtig vom Lager und gehe in jenen Raum, wo ein kleines Feuer im Herd brennt. Lange sitze ich davor und schaue in die Flammen. Ich versuche durch Nachdenken zu erfahren, ob es klug ist, mit ihr ein Kind zu haben. Die alte Begleiterin der Ältesten kommt zu mir. »Es wird alles kommen, wie es kommen muß!« sagt sie leise und streicht mit ihrer Hand über meinen Kopf. »Jeder von uns geht auf einem Weg, der nicht von Menschen geschaffen worden ist. Es ist gleichgültig, ob du den Berg an der rechten oder an der linken Seite umwanderst. Du wirst immer zu jenem Sattel kommen, der zur Zeit der Entscheidung hinter dem Berg liegt.«

Als die Sonne sinkt, führt mich die Älteste durch die vier Straßen der Siedlung. »Der Mächtige Zauberer hat entschieden, daß er fortan der Hüter unseres Wohles sein wird!« sagt sie zu allen, die uns begegnen. Ich sehe, wie manche trotzige Gesichter bekommen, andere senken den Kopf und begrüßen mich voller Ehrfurcht. Viele sind schon einmal im Kessel am östlichen Grenzbach gewesen. Ich erwidere die Grüße und frage den einen oder die andere, ob meine Hilfe ihre Lage gebessert habe. Einer der Händler lädt mich für den Abend des folgenden Tages zu einem Begrüßungsfestmahl ein.

Die Älteste will mich nicht begleiten, sie meint, daß ich alleine mehr über seine Pläne erfahren kann. Ich verstehe sie nicht, frage mehrmals, welche Pläne der Händler mit sich trägt, doch sie weicht mir aus. Sie wisse selber nichts, habe aber zwei- oder dreimal aus einer Bemerkung darauf geschlossen, daß er gerne Ältester der Siedlung sein wolle. Ich spüre, daß sie mir manches verheimlicht, und will etwas über die Vereinbarungen hören, die sie mit ihm getroffen hat. Sie blickt mich an, als spräche ich von Dingen, die es nie gegeben hat. Als ich sie daran erinnere, daß sie mir gegenüber eine Vereinbarung erwähnt hat, tut sie diese als belanglos und veraltet ab. Bald bin ich zornig und drohe ihr damit, daß ich auf der Stelle in mein Land zurückkehren werde. »Es ist damals um neue Waffen für unsere Jäger gegangen, und ich habe ihm für den Handel freie Hand gegeben!« antwortet sie unwillig. Ich beschließe, diese Erklärung vorerst anzunehmen und verlasse das steinerne Haus.

Der Händler begrüßt mich freundlich und voller Ehrfurcht, ich erkenne ihn als jenen Mann, dessen Floßladung gesunken ist. Er führt mich in einen kleinen Raum, wo ein weiterer Händler und ein älterer Jäger warten. Wir nehmen um ein auf den Boden gebreitetes Tuch Platz, bald bringen zwei Mädchen getöpferte Becher und Krüge, hölzerne Platten mit Fleisch und Brotfladen. Das vergorene Getränk schmeckt süß. Der Händler sieht an meinem Blick, daß ich es nicht kenne, und erzählt von der Kunst, aus Honig, Wasser und Gewürzen diese Köstlichkeit herzustellen. Der Jäger spricht von einem mächtigen Bären, den er vor Jahren erlegt hat, der zweite Händler berichtet von einer Reise an den großen Strom im Norden. Als ich genug gegessen habe, klatscht der Händler, und die Mädchen tragen die noch halbgefüllten Platten hinaus, dann bringen sie kleine süße Kuchen und füllen die Krüge nach.

»Mächtiger Zauberer!« beginnt der Händler und macht eine viel zu lange Pause, weil er vergeblich darauf wartet, daß ich ihn für diese Anrede anlächle. »Du bist ein Fremder, auch wenn du schon lange nicht weit von uns wohnst und vielen von uns auf wunderbare Weise geholfen hast. Immer wieder kommen Fremde, die bei uns bleiben wollen, alle sind heute Bewohner unserer Siedlung, die ihren Teil der Aufgaben erfüllen. Noch nie aber ist ein Berater einer Ältesten, der noch dazu ein mächtiger Zauberer ist, zu uns gekommen!« Während des folgenden langen Schweigens überlege ich, ob ich ihn seine deutliche Frage nach dem Grund meines Kommens noch deutlicher aussprechen lassen soll, dann antworte ich direkt: »Ich bin gekommen, um die Menschen, denen ich helfe, besser kennenzulernen.« Während sich die Gesichter des Jägers und des zweiten Händlers erhellen, bleibt der Gastgeber mißtrauisch: »Es hat Zeiten gegeben, in denen du Menschen gefangen und Überschwemmungen geschickt hast. Verfolgst du mit den Zaubereien nicht bloß das alte Ziel?« Ich erkenne, daß er klüger als die beiden anderen ist, und beschließe, sie von meiner Harmlosigkeit zu überzeugen. Wenn ich sie gewinnen kann, steht er alleine da und verliert seinen Einfluß. »Nein!« lüge ich mit fester Stimme. »Ich habe gelernt, was die wahren Aufgaben eines Ältesten sind: Er hat nicht zu bestimmen, sondern zu helfen.« Immer rascher stellt er Frage um Frage, immer direkter will er wissen, ob ich in das Leben der Menschen eingreifen und die alte Ordnung wieder einführen will. Ich weiche aus und spreche von der Sorge um das Wohl jedes einzelnen, auch sei es Aufgabe der Ältesten, Streitigkeiten zu schlichten. Ein guter Ältester wisse genau, wie er diese Aufgaben am besten erfüllen könne.

Ich glaube zu erkennen, daß mein Plan aufgeht. Die beiden anderen nicken bald zu meinen Worten, ja der Jäger blickt den Händler ärgerlich an, als er wieder davon redet, daß ich früher mit Gewalt und Zauberei die alte Ordnung habe durchsetzen wollen. Sie beteiligen sich mit lauten Stimmen am Gespräch, und ich bemerke, daß sie zuviel vom vergorenen Honigwasser getrunken haben. Es gelingt mir nicht, irgendetwas über Absprachen mit der Ältesten zu erfahren, denn der Händler bleibt aufmerksam und trinkt schon lange nichts mehr. Bald breche ich auf. »Ich hoffe, du erinnerst dich an alles, was du heute gesagt hast!« verabschiedet er sich von mir und neigt den Kopf. »Alles wird kommen, wie es kommen muß!« antworte ich und gehe durch die dunklen Straßen zum Haus der Ältesten. Ich bin jetzt sicher, daß mir mein Vorhaben gelingen wird. Vor allem der Jäger trägt die alte Ordnung noch in seinem Herzen.

*

Das sechsunddreißigste Kapitel, worin der hl. Pieslwang erzählt, wie er Zeit zu gewinnen versucht.

Ich bleibe in der Siedlung zwischen den Flüssen und beginne mit den dort Wohnenden zu leben. Ich gehe mit ihnen auf die Felder, um die Wintersaat auszubringen, ich lege mit den Fischern am Fluß die Netze aus, ich bin dabei, als Fremde mit Maultieren kommen und Salz gegen Felle tauschen. Bald kenne ich alle der über hundert Menschen, sie legen ihre Ehrfurcht ab und erzählen von ihren Sorgen. Mir scheint, als sehnten sie sich nach der alten Ordnung, niemand aber wagt es, laut gegen die Händler und Jäger aufzutreten. »Er hat zwei Säcke Buchweizen für ein halbes Reh verlangt!« beklagt sich einer. Ein anderer erzählt, daß sich die Jäger weigern, beim Roden zu helfen, weil man dann mehr Schafe halten und nicht so viel erjagtes Fleisch benötigen würde. Manchmal verschwinden junge Tiere, keiner aber hat die Spuren der Bären gefunden, die angeblich die Tiere geraubt haben. Ich erfahre, daß die Jäger von den Händlern alles bekommen, was zu erhandeln ist, während man für eine neue Pflugschar die Ernte eines Feldes hergeben muß.

Eines Abends gehe ich mit der Ältesten zur Linde und erzähle ihr, was ich erfahren habe. »Du hast nicht für sie gesorgt!« beende ich die Aufzählung. »Statt dessen bist du Gast der Händler und Jäger, läßt dich von ihnen beschenken und bevorzugst sie. Ist dir nie aufgefallen, daß die Mehrzahl der Menschen auf deine Hilfe wartet?« Sie fängt zu jammern an: »Ich wollte sie durch Verhandlungen zum Teilen bringen. Immer wieder haben sie mir das zugesagt, immer wieder haben sie die Zusagen gebrochen!« – »Es heißt, daß auch in deinem Haus Säcke voller Münzen und andere wertvolle Dinge versteckt liegen!« unterbreche ich sie laut. »Man sagt, du stündest in Wahrheit auf ihrer Seite!« – »Das stimmt nicht!« ruft sie und führt immer lauter redend Beispiele an, die mich vom Gegenteil überzeugen sollen. »Warum tauschst du nicht eine neue Pflugschar und gibst sie den Bauern, die dafür die Ernte eines Feldes hergeben müssen, wenn das Geld in deinem Haus der Besitz aller ist?« frage ich zornig. »Weil ich so den Händlern recht gebe!« antwortet sie mit harter Stimme. »Du hast all die Zeit nur eine Seite betrachtet. Du bist nie mit den Jägern in den Wald gegangen, du hast nie versucht, das Vertrauen der Händler zu gewinnen. Daher kennst du nur die Hälfte der Wirklichkeit! Soll ich die Menschen auffordern, sich gegenseitig zu erschlagen? Ist es nicht Aufgabe einer Ältesten, für Frieden zu sorgen?« – »Wenn jahrelanges Verhandeln nichts nutzt, muß man einen anderen Weg gehen«, stelle ich etwas ruhiger fest. »Sie haben gedroht, mich zu ermorden, wie sie vor Jahren den Ältesten ermordet haben! Also habe ich dich um Hilfe gebeten. Es hat keinen Sinn, über die Vergangenheit zu reden!« Ich schweige lange, dann sage ich: »Ich werde mit den Jägern in die Wälder gehen. Vielleicht gelingt es mir, sie zu gewinnen!«

Noch bevor ich auf Jagd gehen kann, fällt der erste Schnee. Zur gleichen Zeit fühlt sich die Älteste unwohl. Zwei Tage lang liegt sie fiebernd auf dem Lager, dann kommt ihr Blut und sie verliert das Kind. Während ich mich danach leichter fühle, beginnt sie zu jammern. Sie spricht von einem bösen Zeichen, das tote Kind sei ein Vorbote noch schlimmerer Dinge. Ich kann sie nicht beruhigen und fühle mich im steinernen Haus gefangen. Nächtelang sitze ich vor dem Herd und starre in die Flammen, sie zeigen mir keine Lösung, bis ich mich entschließe, in mein Land zu gehen. Ich verabschiede mich von der Ältesten, sie fleht mich an, so bald wie möglich zurückzukommen und ihr beizustehen. Zum ersten Mal spüre ich, wie tief die Furcht in ihr sitzt.

Ich laufe durch den knietiefen Schnee, ununterbrochen fallen Flocken vom Himmel. Ich atme die kalte Luft, und jeder Atemzug befreit mich von der stickigen Wärme im Raum mit dem Herd. Im lichten Wald fühle ich mich wie in der Zeit vor meinem Gang in die Stadt. Mein Kopf wird klar, und als ich am östlichen Grenzbach angekommen mit dem Rücken voran in mein Land springe, weiß ich, was zu tun ist. Nach einer Nacht in der Höhle schleppe ich

Tragsack um Tragsack voll Brennholz in die dunkle Grube, durch den Gang in den Keller und weiter auf die Krone des Turms der Ältesten. Am Tag vor der längsten Nacht des Jahres stapeln sich die Prügel so hoch, daß ich nur mehr springend die obersten Stücke erreichen kann. Bis Sonnenuntergang ruhe ich auf meinem Lager, dann steige ich mit einem Sack voll dürrer Zweiglein und etwas Glut hinauf.

Als es dunkel wird, sehe ich im Tal die Festfeuer aufflackern, riesige Haufen trockener Zweige brennen in allen Siedlungen des Landes. Auch mein Feuer lodert hell, im schmalen Bereich zwischen gestapelten Prügeln und Feuerstelle wird es heiß. Trotzdem lege ich nach und starre in die Flammen, schon springen die ersten Glutkinder vom Turm und laufen nach Westen. Ich sammle alle Kraft und bringe die Glutkinder der anderen Feuer im Land dazu, sich meinen anzuschließen. Sie rasen vom östlichen Ufer des großen Sees aus in gerader Linie zu den dunklen Hügeln im Norden, wo sie umkehren und zu den dunklen Bergen im Süden eilen. Gegen Mitternacht sehe ich im Westen eine feine Glutlinie durch das Land ziehen. Wieder schüre ich das Feuer. Die Flammen schlagen auf die Holzvorräte über, und ich muß mich über die steinernen Stufen ins Freie retten. Von jenem Platz aus, wo sich die Ältesten versammelt haben, betrachte ich das Feuer. Wie eine riesige Fackel steht der Turm da, breite Ströme aus Glut fließen nach Westen und errichten eine Wand, die tausend Reiter nicht durchdringen können. Im Morgengrauen erkenne ich ihr feines Flimmern, die Grenze läuft quer durch das Land, und ich weiß, daß ich der Mächtige Zauberer bin. Ich habe die Macht des westlichen Königs gebrochen, bald wird in der Siedlung zwischen den Flüssen wieder das alte Gesetz gelten. Zwei Tage lang schleppe ich Holz auf den Turm und werfe es durch die Luke ins Feuer. Die Wand im Westen steht fest, als ich mich erschöpft auf das Lager in meiner Höhle lege und einschlafe.

Ich erwache in den Tag und esse von meinen Vorräten, ehe ich vor die Höhle trete. Draußen liegt kein Schnee, da und dort zeigen sich die ersten Frühlingsblumen. Verwirrt steige ich auf den Turm der Ältesten. Ich sehe, daß sich an den Bäumen die Blattknospen öffnen, zarter, grüner Schimmer steht im Geäst. Mein Schlaf muß zwei oder drei Monde gedauert haben. Im Westen ist das leichte Flirren in der Luft verschwunden, lange starre ich hinüber, kneife die Augen zusammen, doch ich kann es nicht erkennen. Meine Beine tragen mich in die Höhle, dann laufe ich eine Nacht und einen halben Tag, bis ich am Ufer des großen Sees stehe. Ein schmaler Streifen verdorrten Grases zeigt, wo die Feuerwand gewesen sein muß.

Ich fühle mich müde wie noch nie in meinem Leben, in einem Tümpel erkenne ich ein altes Gesicht mit weißem Bart und weißen Haaren. Ein Ast läßt mich stolpern und so unglücklich stürzen, daß ich nur mehr humpelnd vorankomme. Bald schwillt mein rechtes Knie an, ich kann das Bein nicht mehr abbiegen, und es dauert drei Tage, bis ich in der Siedlung meiner Nachbarn ankomme. Die Älteste und unsere Tochter starren mich erschreckt an. Sie führen mich in ihre Hütte, wo mir die Älteste Kräuterbrei auf das Knie legt.

Sie verliert kein Wort über die Ereignisse, von denen sie ohne Zweifel erfahren hat. Erst nach einer Woche fühle ich mich besser, ein Teil meiner Kraft kehrt zu mir zurück, und ich kann wieder langsam durch den Wald laufen. An einem milden Frühlingsabend nimmt mich die Älteste an der Hand und wir spazieren zur oberen Weide, wo wir uns zur sonnenwarmen Steinmauer setzen und ins Tal des großen Flusses blicken. »Vor zehn Jahren wäre die Wand stehengeblieben!« sage ich leise und höre ihr Lachen. »Ich bin froh über diesen Satz!« meint sie nach einer Weile, »Gleichzeitig aber macht er mir Angst. Glaubst du noch immer, du alleine könntest gegen die neue Ordnung aufstehen?« – »Ich weiß es nicht!« antworte ich leise. »Bleib bei uns!« flüstert sie. Sie legt ihren Arm um mich, drückt mich leicht an sich, und zum ersten Mal denke ich, daß ich vor Jahren vielleicht eine falsche Entscheidung getroffen habe. »Muß ich meinen Weg nicht bis an sein Ende gehen?« frage ich. »Ich kann nicht sagen, ob dein Weg zu uns oder in die Siedlung führt!« meint sie. »Wir gehen in die steinerne Stadt und treten durch ein Tor, das uns in einen Sommer vor zwanzig Jahren bringt!« schlage ich vor und höre ihr helles Lachen, das nicht enden will. Irgendwann lächle auch ich, und wieder drückt sie mich leicht an sich. »Weißt du, daß du noch nie gelächelt hast? Ich kann mich nur an ein kleines Lächeln erinnern, als unsere Tochter zur Welt gekommen ist!« Sie lehnt ihren Kopf an meine Schulter, und ich spüre, wie sie sich über mein Lächeln freut. »Ich kann nicht versprechen, daß ich fortan bei euch bleibe!« sage ich und sehe im ersten Licht des aufgehenden Mondes, wie eine winzige Träne über ihre Wange rinnt.

*

Das siebenunddreißigste Kapitel, worin der hl. Pieslwang erzählt, wie er die Linde der Ältesten rettet.

»Es geht dir nicht um die Menschen in der Siedlung zwischen den Flüssen!« sagt die Älteste der Nachbarn eines Tages zu mir. »Du bist auch kein Wahrer der alten Ordnung. Mir scheint, daß du bloß wie ein Junge, der mit Erwachsenen herumbalgt, deine Kräfte an einem mächtigen Gegner messen willst.« – »Ich habe mich entschieden –«, entgegne ich ärgerlich, sie aber unterbricht mich: »Darum geht es nicht!« Immer wieder macht sie Bemerkungen dieser Art, weil sie Angst hat, ich könnte mich in einen aussichtslosen Kampf verstricken. Natürlich freut sie sich, daß ich im Frühling meine alten Kräfte beinahe wiedererlange. Ich laufe mit unserer Tochter um die Wette, erlege das Wild so geschickt wie die besten Jäger und ackere so schnell wie die anderen. »Du hast trotz der Niederlage deine Pläne noch nicht aufgegeben«, sagt sie, »ja diese Niederlage spornt dich sogar an, es noch einmal zu versuchen.«

Mit dem Zunehmen meiner Kräfte muß ich immer öfter an mein Land und an die Siedlung zwischen den Flüssen denken, und ich spüre, daß sie recht hat. Noch aber richte ich meine Aufmerksamkeit auf unsere Tochter, ich bin Tage damit beschäftigt, mit ihr ein neues Land zu schaffen. Wir bauen eine Höhle voll bunter Steine, die leuchten können und den Raum in unterschiedliches Licht tauchen. Schließlich lassen wir einen unterirdischen See entstehen, der mit warmem Wasser gefüllt ist. Ich freue mich darüber, mit welcher Leichtigkeit sie aus der Welt des Dorfes in die Höhle wechseln kann, bald bin ich sicher, daß sie als neue

Älteste der Nachbarn auch meine Nachfolgerin werden wird. Wenn ich aber mit den Jägern durch die Wälder streife, muß ich mich oft dazu überreden, sie nicht zu verlassen und für einen kurzen Besuch in die Siedlung zwischen den Flüssen zu gehen. Ich weiß, daß daraus ein Jahr oder ein ganzes Leben werden kann.

Eines Tages entdecken wird unweit des Dorfes frische Bärenspuren. Vorsichtig folge ich ihnen mit den Jägern bis zur Höhle am kleinen Fluß, in der vor langer Zeit die von mir erlegte Bärin gewohnt hat. Gegen Mittag sehen wir eine Bärin mit zwei großen Jungen herauskommen. Einer schlägt vor, sie zu töten, bald schon würde sie unsere Herden überfallen. »Ich werde sie fangen!« sage ich und bringe die Jäger dazu, mit mir in das Dorf zurückzukehren. In der Nacht eile ich mit meiner Tochter zur Höhle. Wir tragen einen mit Steinen ausgelegten Lederbeutel, in dem Holzkohle glüht. Unweit der Höhle entfachen wir ein kleines Feuer, und sie hilft mir, aus Glutkindern um den Eingang einen runden Käfig zu bauen. Dann gehen wir näher, sie wirft Steine ins Dunkel, und ich lenke mein Denken darauf, den Käfig bei Erscheinen der Tiere zu schließen. Schon erhebt sich die Bärin laut brummend, sie sieht meine Tochter und will sie angreifen, die großen Jungtiere folgen ihr, und ich schließe das Gefängnis.

Anfangs habe ich Mühe, die kreisenden Glutkinder von der Stelle zu bewegen, bald aber hilft mir meine Tochter. Langsam drückt die Wand des Käfigs die Tiere von der Höhle weg. Sie sind verwirrt und versuchen auszubrechen, unwillig beugen sie sich dem Zwang. Als sie wieder losrennen und diesmal eine uns passende Richtung wählen, lassen wir die Glutkinder mitlaufen. Im Morgengrauen erreichen wird das Dorf. Bis in den Nachmittag werden die Bären bestaunt und genau betrachtet, dann meint die Älteste, daß ich sie wieder freilassen soll. Ich verspreche, sie zu einer weit entfernt liegenden Höhle zu bringen, und verabschiede mich. Ich will sie in den großen Wald treiben, wo ich vor Jahren den Jägern das Bärenfell abgenommen habe, bald erreichen wir das Tal des östlichen Grenzbaches. Im kleinen Kessel sitzt die Älteste der Siedlung zwischen den Flüssen und wartet auf mich. »Gut, daß du kommst!« ruft sie mir zu. »Sie wollen die Linde der Ältesten fällen!« Dann sieht sie die Bären und schreit, es dauert lange, bis sie sich vom Schreck erholt hat und mir Genaueres erzählt: Vor wenigen Wochen sind drei Diener des Sohnes der Großen Mutter in die Siedlung gekommen. Sie haben Geschichten über den angeblich Mensch gewordenen Sohn erzählt, heute wollen sie die Linde fällen, um allen zu zeigen, daß sich die Große Mutter zurückgezogen hat. »Komm, schnell!« sage ich und packe sie bei der Hand. Wir laufen auf dem Pfad gegen Norden, zweimal müssen wir anhalten, um die Glut und den Käfig der Bären zu erneuern. Als die Sonne tief steht, werden sie müde und wollen sich hinlegen. So gehe ich voran, die Älteste tritt hinter die Tiere und stößt sie manchmal mit einem Stock weiter.

Am Rand der Lichtung halten wir hinter den Büschen an. Auf dem freien Platz haben sich die Bewohner der Siedlung zwischen den Flüssen versammelt, drei Männer stehen auf einem Wagen, metallene Kreuze hängen ihnen um den Hals. Sie reden davon, daß der Sohn der Mutter voll Liebe und Gnade ist, er verzeiht böse Taten, Worte und Gedanken und wird alle, die an ihn glauben, ins Licht führen. »Warum sagt er, die Menschen seien böse?« frage ich die Älteste und lege ein paar Kohlenstücke in den Beutel mit der Glut. »Das ist die Art, wie sie ihre Lehre verbreiten! Zunächst reden sie den Menschen ein, daß sie sündig seien, dann bieten sie ihren Sohn der Großen Mutter als Ausweg an!« erklärt sie. »Warum hast du mich nicht sofort bei ihrem Eintreffen geholt?« bin ich entsetzt. »Du bist nie gekommen!« zischt sie mich an. »Die Große Mutter hat ihren Sohn in die Welt geschickt, er ist fortan der Herrscher über Himmel und Erde. Als Zeichen dafür werden wir die Linde der Großen Mutter fällen und genau hier aus ihrem Holz das Haus ihres Sohnes errichten!« sagt der größte der drei Männer laut, und ich höre an seiner Sprache, daß er in einem anderen Land zur Welt gekommen sein muß. Dann packen er und seine Begleiter große Beile und springen vom Wagen.

Ich blase in den Beutel, und neue Glutkinder springen heraus, sie verstärken die Mauer des Gefängnisses, daß kein Stein sie durchdringen kann. Dann dränge ich die Bären an den Rand der Lichtung und den steilen Absturz hinunter. Die drei Männer haben noch keinen Schlag geführt, als eine Frau die Tiere sieht und schreit. Alle laufen über die Lichtung in den Wald, nur die drei Diener des Sohnes der Großen Mutter rücken vor dem Stamm der Linde zusammen, erheben ihre Äxte und machen sich zum Kampf bereit. Ich halte den Käfig ein gutes Stück vor ihnen an und klettere auf den freien Platz hinunter. Die drei Männer sehen mich und erkennen, daß die Bären gefangen sind. Der Größte will die Gelegenheit nutzen und schlägt mit seiner Axt auf die Bärin. Das Eisen trifft hart auf die Feuerwand, das Beil springt ihm aus den Händen, er schreit kurz vor Schmerz und drückt seine geprellten Handgelenke an den Körper. Einige Bewohner der Siedlung kommen zurück und erkennen mich. Ich befehle ihnen, die anderen ebenfalls hieher zu bringen.

Es dauert lange, bis sich wieder alle versammelt haben. Da es dunkel wird, trage ich ihnen auf, die herumliegenden Äste zu sammeln. Dann entfache ich mit der Glut aus meinem Beutel ein Feuer, die Glutkinder umkreisen die drei Männer und nehmen sie gefangen. Die ringsum Stehenden schweigen voller Staunen, dann erhebe ich meine Stimme: »Ihr seht, daß sie euch belogen haben. Die Große Mutter hat mich gesandt, um ihre Linde zu retten. Sie hat nie die Herrschaft über Himmel und Erde an ihren Sohn weitergegeben. Geht jetzt in eure Hütten zurück und gehorcht in Zukunft den Worten eurer Ältesten!«

Ich deute der Ältesten, daß sie mitgehen soll, und sehe zu, wie sie langsam den Platz verlassen. »Ich könnte jetzt euch und die Bären freilassen!« sage ich. »Sie haben schon lange nichts mehr gefressen!« Die drei Männer bleiben ruhig stehen, dann sagt der Älteste etwas zu mir in einer fremden Sprache. Ich höre zu und bald verstehe ich ihn: »Bist du nicht Pete? Bruder Pete? Du bist ausgezogen, um sie zu bekehren – erinnerst du dich nicht?« Als ich keine Antwort gebe, wendet er sich an die anderen: »Er muß den Glauben verloren haben, vielleicht ist er auch verrückt geworden, ganz alleine in der Fremde. Ich habe gehört, daß einer seit undenkbar langer Zeit in einer Höhle wohnt, ein Blitz soll ihn getroffen haben!« – »Verschwindet von hier!« sage ich in der Sprache der hier lebenden Menschen. »Geht zurück nach Westen! Jetzt!« Ich gebe jedem von ihnen einen Dolch aus dem Tragsack, dann dränge ich sie in ihrem Gefängnis den steilen Hang hinunter, durch den Auwald, über den Fluß und immer weiter durch den großen Wald im Westen. Ich schüre das Feuer und schicke Glutkinder nach, mein Gedankenauge begleitet sie bis in den Morgen, wo ich sie am westlichen Ufer eines großen Baches freilasse. Sie sinken erschöpft ins Moos, da höre ich das zornige Brummen der Bärin. Sie kommt auf mich zu, und ich rette mich mit wenigen Sprüngen in den Turm der Ältesten, hinter mir schlagen ihre Pranken ins Leere.

Meine Kräfte verlassen mich, ich kann mich gerade noch in meine Höhle schleppen und breche auf meinem Lager zusammen. Irgendwann weckt mich die Älteste der Nachbarn mit einem Krug voll süßen Saftes. Nach ein paar Schlucken schaffe ich auf sie gestützt den Weg in den Turm, den wir durch den Ausgang bei der Linde auf dem Hügelkamm verlassen. Dort warten die Jäger auf uns. Sie tragen mich in die Hütte der Ältesten, wo ich viele Tage fiebernd liegen bleibe.

*

Das achtunddreißigste Kapitel, worin der hl. Pieslwang erzählt, wie er seine Pläne aufgibt.

Die Älteste meiner Nachbarn und unsere Tochter pflegen mich. Sie holen sogar die Begleiterin der Ältesten aus der Siedlung zwischen den Flüssen, die im Umgang mit heilenden Kräutern große Erfahrung hat. Zwei Tage bleibt sie bei uns, dann erst glaubt sie, daß ich dem Tod entrinnen werde, und verläßt uns. Im späten Sommer kann ich aufstehen und ein wenig spazieren gehen, im Herbst schaffe ich es, bis zur Steinmauer der obersten Weide zu gelangen, ohne mein Gehen unterbrechen zu müssen. Mein Denken kreist nur mehr um eine Tatsache, oft höre ich nicht, wenn mich jemand anspricht oder ruft.

Eines Nachmittags geht die Älteste mit mir zur steinernen Mauer hinauf, wir setzen uns ins warme Licht der tief stehenden Sonne, und sie stellt zum ersten Mal die Frage, die sie schon lange Zeit mit sich herumträgt: »Was ist zwischen dir und den drei Männern geschehen, nachdem alle anderen den Platz bei der Linde verlassen haben?« – »Bevor mich der Schlag des Himmels getroffen hat, bin ich ein Diener des Sohnes der Großen Mutter gewesen!« antworte ich müde. »Ich habe einen von ihnen erkannt, wie er mich erkannt hat. Ich habe ihre Sprache verstanden und weiß wieder, was zu lehren ich ausgezogen bin!«

Sie streicht mit ihrer Hand über meine Wange und legt ihren Arm um mich. Wir schweigen lange und blicken auf das Land, das im rötlichen Licht der sinkenden Sonne vor uns liegt. Hügelkämme werfen kleine Schatten, die Konturen der Landschaft treten deutlich zutage. »Ist es so schlimm für dich, daß du durch den Blitzschlag ein anderer geworden bist?« stellt sie eine Frage, die mich nicht trifft. »Das Gegenteil ist der Fall: Diese Tatsache läßt mich jetzt sagen, daß ich für immer bei euch bleiben werde. Es ist gleichgültig geworden, welchen Weg ich weitergehe, die Entscheidung, die Älteste der Siedlung zwischen den Flüssen zu beraten, erkenne ich als beliebigen Entschluß. Jetzt kann ich mich wieder an die Lehre erinnern. Sie ist viele hundert Jahre alt und hat schon die mächtigsten

Königreiche bezwungen. Im Rückblick muß ich feststellen, daß ich durch mein Vergessen meine Kräfte und mein Leben in den Dienst einer verlorenen Sache gestellt habe. Als mich der eine Mann mit meinem alten Namen angesprochen hat, hat er mich beinahe tödlich getroffen!« Sie hört aufmerksam zu, dann lächelt sie und meint: »Du solltest dich mit mir freuen, daß du einen neuen Weg vor dir hast! Die Freude wird deine Kraft wachsen lassen. Wenn dir das gelingt, liegt die schönste Zeit unseres Lebens vor uns!« Wir übernachten im Freien, wärmen uns gegenseitig im Bärenfellsack, und ich spüre, wie mein Herz weich wird. »Vielleicht hast du recht!« flüstere ich und schlafe ein. Bei der Rückkehr in das kleine Dorf laufe ich sogar ein paar Schritte.

Den Winter über erhole ich mich zusehends, wenn ich auch nie mehr so kräftig werden kann, wie ich noch im Frühling gewesen bin. Immer wieder führen die Älteste, unsere beinahe erwachsene Tochter und ich lange Gespräche. Ich stelle die Frage, ob ich die mir gegebenen Möglichkeiten nicht einsetzen muß. Einmal bin ich fast so weit, daß ich mich zu einem letzten Eingreifen aufraffen will. Meine Tochter fordert mich am nächsten Tag auf, sie in die Höhle zu begleiten. Als wir im warmen, unterirdischen See schwimmen, läßt sie die Höhle einstürzen. Ich versuche mit aller Kraft, die Felsbrocken aufzuhalten, im letzten Augenblick gelingt mir die Flucht ins Dorf. »Früher hättest du den Sturz der Steine aufhalten können!« stellt meine Tochter wie nebenbei fest. Ich bin im ersten Augenblick zornig, dann erkenne ich, was sie mir hat zeigen wollen und bleibe mit ganzem Herzen bei ihnen.

Wenn ich auch alles bisher Geschehene nicht vergessen kann, bleibt es doch für lange Zeit unbedacht. Die Älteste versucht oft, mich zum Lächeln zu bringen, was ihr immer häufiger gelingt. Viele Tage widmen wir uns unserer Tochter, die als unsere Schülerin bald genug weiß, um Älteste werden zu können. Im späten Frühling schicken wir sie für einen Mond in die Siedlung zwischen den Flüssen, wo sie von der Begleiterin der Ältesten in der Verwendung von heilenden Kräutern unterwiesen wird. In ihrer Abwesenheit beschließen wir, sie im Sommer des nächsten Jahres zur neuen Ältesten zu bestimmen.

Unsere Tochter kehrt früher zurück, als wir erwartet haben. Sie erzählt, daß es ihr im steinernen Haus nicht gefallen habe. Die Älteste habe sie nicht gerne gesehen und ihr den Aufenthalt so unangenehm wie möglich gemacht. Dann seien drei Männer in die Siedlung gekommen und von den Händlern aufgenommen worden, es soll sich dabei um Diener des Sohnes der Großen Mutter handeln. Mehr ist von ihr nicht zu erfahren. Erst als ich mehrmals verspreche, nichts mehr zu unternehmen, läßt mich die Älteste aufbrechen, um die Vorgänge zu beobachten.

An einem Abend im späten Herbst komme ich zur Lichtung, wo die Linde und der Turm der Ältesten stehen. Ich sehe zwei Personen unter dem Baum sitzen. Es bereitet mir Schwierigkeiten, durch das raschelnde Laub voranzukommen, ohne sie auf mich aufmerksam zu machen. Endlich bin ich an einer Stelle angelangt, zu der der milde Südwind ihre Worte trägt. Ich kann nicht alles verstehen, doch die zu mir dringenden Teile von Sätzen und Worten reichen aus, um zu erkennen, worum es geht.

Die Älteste der Siedlung hat beschlossen, sich taufen zu lassen. Der Mann, er ist vermutlich der Anführer der Jäger und hat den neuen Glauben bereits angenommen, ist ihr Geliebter, denn sie spricht von einem Kind. Gemeinsam wollen sie am folgenden Tag in die Siedlung am großen See im Westen gehen. Dort werden sie bei dem vom König eingesetzten Mann erreichen, daß der Jäger mit dieser Aufgabe für die Siedlung zwischen den Flüssen betraut wird. Sie werden die Höhe der Abgaben und die Zahl der auszurüstenden Krieger verhandeln und die Menschen vor Plünderungen bewahren. So wollen sie den Händlern zuvorkommen und ihre Macht brechen.

Ich habe genug gehört und gehe langsam in mein Land zurück. In meiner Höhle fülle ich den Ofen mit Holzprügeln und starre lange in die Flammen. Zu meiner eigenen Überraschung trifft mich ihr Vorhaben nicht, ich habe mich damit abgefunden, daß alles so kommen muß. Sie haben nicht einmal den schlechtesten Ausweg gewählt, vielleicht ist das der dritte Weg, von dem die Begleiterin der Ältesten gesprochen hat. Im Morgengrauen erhebe ich mich und nehme die alt gewordene Katze auf meinem Arm zu den Nachbarn mit.

*

Das neununddreißigste Kapitel, worin der hl. Pieslwang erzählt, wie er seine Nachbarn für immer verläßt.

Es bricht eine Zeit an, deren Unbeschwertheit nur die Erinnerungen trüben können. Ich lebe mit meinen Nachbarn, ruhig läuft die Zeit dahin. Im Frühling beschließen die Älteste und ich, unsere Tochter zum Fest der Sommersonnenwende als neue Älteste zu bestimmen. Sie ist erwachsen und klug, manchmal verläßt sie uns für einige Tage und geht in die Siedlung zwischen den Flüssen, um ihr Wissen um Heilkräuter zu vergrößern. Wenn sie zurückkommt, berichtet sie, daß Friede eingekehrt sei. Die neue Ordnung habe die Zeit des Umbruchs beendet, ein Jäger und die Älteste bestimmten, was zu geschehen habe. Sogar die Händler hörten jetzt auf sie. Ihr sei nicht aufgefallen, daß irgendjemand zu leiden habe, vier als Krieger ausgerüstete junge Männer seien gerne aufgebrochen, um sich den Kriegern des Königs anzuschließen, die sich weit im Nordwesten sammeln.

Das Fest dauert drei Tage und Nächte. Alle feiern die neue Älteste und freuen sich, daß sie auch zu zaubern gelernt hat. Wir versprechen ihr, ihr den Turm der Ältesten noch in diesem Jahr zu zeigen, dann muß ich mich lange von den Anstrengungen der Feier ausruhen. Ich kehre für wenige Tage in mein Land zurück, um die Feuermauer zu erneuern. Die Mutter der neuen Ältesten will wissen, warum ich das tue, doch ich kann keinen Grund dafür angeben. Eine neue Katze ist in meine Höhle gezogen, ich füttere sie, lege Holzprügel ins Feuer und lasse sie neben mir auf dem Lager schlafen. Am nächsten Tag spaziere ich den Fluß entlang nach Norden. Von weitem sehe ich, daß die Linde der Ältesten auf dem kleinen Plateau gefallen ist, hinter den Büschen versteckt beobachte ich, wie man den mächtigen Stamm in Balken zerhackt. Einer der Diener des Sohnes der Großen Mutter leitet den Bau eines Hauses. Trauer packt mich und ich muß mich abwenden. In meiner Höhle sitze ich zwei oder drei Tage vor dem Feuer und starre in die Flammen, ehe ich mich erhebe und langsam zu meinen Nachbarn zurückkehre.

Ich treffe die Mutter der Ältesten mit verweinten Augen an. Sie umarmt mich und hält sich an mir fest, dann nimmt sie mich an der Hand und geht mit mir hinaus in die Abenddämmerung. Langsam setzt sie Schritt um Schritt, an der oberen Weide hält sie nicht vor der Steinmauer. Es ist dunkel, als wir zum Turm der Ältesten hinuntersteigen. Auf der Turmkrone angekommen setzen wir uns auf die kühlen Steine. Ich blicke auf, ringsum steht leichter roter Schein auf dem Himmel. »Sie hat sich taufen lassen!« sagt sie leise, und wieder weint sie. Ich weiß, von wem sie spricht, und ich spüre, wie mein Herz hart wird. Dann stehen die Worte der Eibenschwestern in meinem Kopf: »Er glaubt an eine Zukunft, die es nicht gibt!«

Ich umarme die Mutter der Ältesten, drücke sie an mich, streiche ihr über das Haar und die feuchten Wangen. Gleichzeitig weiß ich, daß uns diese Entscheidung unserer Tochter bis in den Tod bedrücken wird. Gerade sie, die von uns erfahren hat, mit welcher List die Diener des Sohnes der Großen Göttin vorgehen, ist ihnen in die Hände gefallen. Früher hätte man sie beim Rat der Ältesten in die Wälder verbannt. Immer wieder drücke ich sie an mich, obwohl ich weiß, daß ihr daraus kein Trost entstehen kann. »Wir müssen den Turm vor ihr schützen!« rufe ich und springe auf. »Sie wird ihn suchen und finden, denn ich weiß, wie leicht sie andere Welten betreten kann!« Wir laufen die steinernen Stiegen hinunter und holen aus meiner Höhle ein paar Fackeln. Zunächst stecke ich damit den hölzernen Zugang in Brand, der zum Platz mit der gefällten Linde führt. Dann schleppen wir Steine zu jener Tür, durch die wir den Turm betreten haben. Am Morgen ist die Öffnung von innen verschlossen.

Einen Tag und eine Nacht ruhen wir auf dem Lager in meiner Höhle. Wir liegen umschlungen da, immer wieder weint sie ein wenig, um vor Schmerz einzuschlafen. Am zweiten Tag erlege ich einen Hasen und koche ihn auf dem Herd. Draußen brennt die Sonne vom Himmel, ein Sommertag steht über dem Land. Wir bleiben in der kühlen Höhle, hocken wortlos herum, manchmal beginnen wir einen Satz, um ihn nach zwei oder drei Worten abzubrechen. Es gibt nichts zu sagen.

Zwei Tage später gehen wir ans Ufer des kleinen Flusses. Wir steigen ins Wasser und jeder sieht im anderen einen uralten Menschen mit weißen Haaren und faltiger Haut. Wir sind müde geworden, das kühle Wasser kann uns nicht wecken. Später liegen wir auf dem Bärenfell im Halbschatten, schlafen ein wenig, und das leise Gluckern der gegen die Uferfelsen schlagenden Wellen beruhigt uns. In der Nacht spazieren wir Hand in Hand durch den lichten Wald meines flachen Landes. Auf dem Hügel, wo alles begonnen hat, legt sie sich auf den Rücken und starrt in den Himmel, ich entdecke die Reste eines Ahornblattes zwischen zwei übereinanderliegenden Steinen. Als ich es ihr zeige und sage: »So hast du mich auf die Eiche gelockt!« lächelt sie für einen winzigen Augenblick. Ich lege mich neben sie und blicke ebenfalls zu den Sternen. In meinem Kopf tauchen Erinnerungen auf, ich spüre die Sonne auf meiner Haut, als läge ich jetzt auf der Schotterbank an der Mündung des östlichen Grenzbaches. Ich sehe die kleinen Wasserbecken, die Tümpel und die dreizehn Lichtungen in meinem Land, in einer klaren, frostkalten Winternacht gehe ich im Mondlicht über die hart gefrorene Schneedecke.

»Bleibst du bei mir?« höre ich mich plötzlich fragen. Um einen Augenblick zu spät beiße ich die Zähne zusammen, will die Frage zurücknehmen, hoffe, sie habe sie nicht gehört, weil sie zu bald kommt. Dann beginne ich zu reden, erzähle davon, daß ich den Weg in eine Höhle weiß, in der ewige Dunkelheit herrscht. Wer sich die Felswand entlang ins Freie tastet, kann in eine neue Welt treten, in ein Land, wo die Zeit nicht vergeht oder an jeden anderen Platz. Auch liegt gleich unter dem Hügel die steinerne Stadt der Wünsche, schon einmal sind wir durch eine der Türen aus dem Winter in den Sommer am kleinen Fluß gegangen. » – wo unsere Tochter zu uns gekommen ist!« fällt sie mir ins Wort. Ich lege die Hand auf ihren Arm, streiche ihre Wangen, und dann fällt der Satz, den ich sie aus Unachtsamkeit zu sagen gezwungen habe: »Ich gehöre zu meinen Leuten, auch jetzt noch!«

Am nächsten Morgen begleite ich sie zum Gatter auf dem Sattel östlich des Hügels. Wir weinen, als wir uns umarmen. »Komm bald!« sagt sie, reißt sich los und verschwindet im Wald, ohne sich noch einmal umzudrehen. So rasch ich kann, gehe ich durch den lichten Wald zurück in meine Höhle, ich schüre das Feuer, daß es auflodert und mir die Hitze die Spitzen des Bartes versengt. Ich starre in die Flammen, spüre ihre Wärme und Kraft und vergesse mich. In der Nacht erwache ich, mein Gedankenauge läuft nach Norden, es trägt einen Beutel mit Glut und steckt das Haus des Sohnes der Großen Göttin in Brand.

Bis in den frühen Herbst versuche ich wie in den ersten Jahren in der Höhle zu leben. Tagsüber ruhe ich am Fluß in der Sonne, in der Nacht streife ich durch den lichten Wald meines Landes. So sehr ich mich auch bemühe, es gelingt mir nicht, die Leichtigkeit wieder zu entdecken. Als kurz vor Herbstbeginn der Vollmond am Himmel steht, schüre ich noch einmal das Feuer. Ich stecke das neuerrichtete Haus in Brand, zwei Tage später packe ich den Bärenfellsack und breche auf, um die Mutter der Ältesten meiner Nachbarn zu besuchen.

*

Das vierzigste Kapitel, worin der hl. Pieslwang erzählt, wie er von uns gegangen ist.

Während ich durch den lichten Wald zum Hügel gehe, verabschiede ich mich von Bäumen, Büschen und Tieren. Ich bleibe auf dem Hügel sitzen, bis die Sonne im Zenit steht, schaue über die Wipfel und sehe den dunklen Wolken zu, die sich aus dem Westen nähern. Dann breche ich auf, um vor dem Eintreffen der grauen Regenwand bei meinen Nachbarn zu sein.

Hinter dem Gatter in meiner Feuerwand lagern Bewaffnete. Einer steht Wache, als er mich kommen sieht, ruft er etwas, und die anderen springen auf. Sie packen Schwerter und Dolche und stellen sich seitlich neben dem Tor an die Wand, woraus ich entnehme, daß sie glauben, ich könne sie nicht sehen. Zuerst muß ich über ihre Dummheit lachen, es scheint ihnen nicht klar zu sein, daß ich an jeder beliebigen Stelle mein Land verlassen kann. Dann beschließe ich, sie zu fangen.

Am Abend habe ich in einer Mulde, in der sie mich nicht sehen können, genügend Holz zusammengetragen. Ich entfache ein Feuer und bemühe mich bis zum Morgengrauen, die Glutkinder um ihr Nachtlager laufen zu lassen. Endlich ist es gelungen, die Wand steht fest, und ich spaziere zum Gatter. Die Männer sitzen im Feuerkäfig, immer wieder versuchen sie auszubrechen. Ich trete zu ihnen und frage sie, warum sie mich fangen wollen. Der Blick eines Bewaffneten verrät mir, daß hinter mir jemand näher kommt, ich drehe mich um und kann im letzten Augenblick seinen Dolch zur Seite schleudern. Ohne zu überlegen, renne ich los und rette mich durch das Gatter in mein Land.

Am Nachmittag fällt die Feuerwand in sich zusammen, die Männer packen ihre Waffen und Tragsäcke und verschwinden im Wald. Ich gehe langsam zu meiner Höhle zurück und überlege, was weiter zu tun ist. Als die Sonne untergeht, beschließe ich, erst am Morgen eine der Möglichkeiten auszuwählen. Dann sitze ich lange vor dem Herdfeuer und spüre den Schmerz darüber, daß man mir jetzt noch nachstellt. Zweifellos aber wird ein Wort der Ältesten der Siedlung zwischen den Flüssen der Sache ein Ende machen.

Als ich mich spät in der Nacht auf mein Lager lege, fällt mir im Einschlafen folgende Geschichte ein: Eines Morgens entdecke ich eine Höhle und trete in den dunklen Raum. Als sich meine Augen an das Dämmerlicht gewöhnt haben, sehe ich einen steinernen Ofen und einen Haufen aus Steinen, die von der Decke gestürzt sind. Ein Dolch und ein guter Bogen aus Eschenholz ragen heraus. Vorsichtig trage ich den Haufen ab und nehme die Waffen.

Jetzt erst finde ich die unter weiteren Steinen liegende, vertrocknete Leiche. Ich weiß, daß sie von einem Mann stammt, der von einem Blitz getroffen worden ist. Sechs Tage lang hat er geruht, am siebenten Tag hat er angefangen, die Höhle für den Winter vorzubereiten. Er hat den Eingang mit Steinen und Ästen verschlossen, bis nur mehr ein schmaler Durchlaß freigeblieben ist. Er hat Vorräte angelegt und einen Ofen gebaut. Der Himmel hat ihm einen Platz zugewiesen, also ist er dort geblieben. An so einem Platz hat ein Leben gelingen müssen.

Am Tag vor dem großen Fest, mit dem die Fertigstellung des Hauses des Sohnes der Großen Mutter gefeiert werden soll, zeigt die Älteste meiner Nachbarn den drei Dienern des Sohnes den Turm der Ältesten. Sie beginnen, Steine aus den Grundmauern zu graben. Als die Morgendämmerung anbricht, stürzt der Turm in sich zusammen, die Trümmer durchschlagen die Decke eines Kellerraums und verschwinden in der Tiefe, es ist, als wäre der Turm vom Erdboden verschluckt worden. Wie aus der Ferne dringt ein leiser Schrei aus dem Loch, und alle vier bekreuzigen sich.

Nachwort

Der hl. Pieslwang verdankt seine Geburt einer Staatsdienerin, die aus der Kurzschreibweise meiner Wohnadresse
Steinbach / St.(eyr)
Pieslwang 7
folgendes gemacht hat:

*Andreas Renoldner
St .Pieslwang 7
Steinbach*

Dieses Nachwort wurde auf Verlangen der Eingeweihten angefügt.

Ich danke meinem Nachbarn, Herrn Otto Wallner, für die Beschreibung des Fischreihers in Kapitel 17, sowie dem Schriftsteller Dr. Herbert Vorbach für den Kastanienfluß in Kapitel 30.

Andreas Renoldner

geboren 1957 in Linz
lebt freischaffend als Koch und Schriftsteller im Auhäusl,
Pieslwang, Steinbach an der Steyr
Linzer Geschichtenschreiber 1993/94

Publikationen:
Karl Ömperdinger, eine Rekonstruktion, *Bibliothek der Provinz*
Mord um Mitternacht, *Edition Linz – Kultur – Texte*

Hörspiele:
In Schwebe
Sonatine für Drei
Der Ernst des Lebens
Nacht über Linz

publication PN° 1
Bibliothek der Provinz

Literatur

Johann Barth
Hirnlaufmaschen, *erot. Gedichte*

zu Thomas Bernhard
Sepp Dreissinger
Von einer Katastrophe in die andere
Gespräche mit Thomas Bernhard
Thomas Bernhard / Portraits
Bilder und Texte aus seinem Leben
Adrée Eck-Koeniger
Das Gasthaus
Der Raumbegriff im erzählenden Werk Thomas Bernhards
Ria Endres
Am Ende angekommen
Dargestellt am wahnhaften Dunkel der Männerproträts des Thomas Bernhard
Karl Hennetmair
Aus dem versiegelten Tagebuch
Weihnacht mit Th. Bernhard
Thomas Bernhard / Karl Ignaz Hennetmair, *Ein Briefwechsel*
Literarisches Kolloquium Linz
Thomas Bernhard, *Materialien*
Gerda Maleta
Seteais, *Tage mit Thomas Bernhard*
Herbert Moritz
Lehrjahre. *Thomas Bernhard – Vom Journalisten zum Dichter*
André Müller
Im Gespräch mit Thomas Bernhard
Richard Pils
Thomas Bernhard von A–Z

Manfred Chobot
Dorfgeschichten, *Erzählungen*
Ziegelschupfen, *Erzählungen*

Sepp Dreissinger
Von einer Katastrophe in die andere
Gespräche mit Thomas Bernhard
Hauptdarsteller/Selbstdarsteller
Fotoportraits
Thomas Bernhard / Portraits
Bilder und Texte aus seinem Leben

Hans Eichhorn
Der Umweg, *Prosa-Miniaturen*

Fritz Fellner
Der alte Überall und Nirgends
Kalchgruber, der Bauernadvokat

Henriette Fischer
Die Frau vor mir

Traute Foresti
Das absolute Du, *Ein Lesebuch*

Hubert Gaisbauer/Heinz Janisch
Menschenbilder

Evelyn Grill
Winterquartier, *Roman*

Fritz Habeck
Was soll's, ist ja Fasching, *Roman*

Elfriede Hablé
Wünsche sind ein Lebenszeichen
Aphorismen

Robert Hamerling
Homunculus, *Epos*

Bodo Hell
Gang durchs Dorf: Fingerzeig

Peter Henisch
Baronkarl, *alte und neue Peripheriegeschichten*
Wegwärts von Wien, *Buch-CD*

Karl Hennetmair
Aus dem versiegelten Tagebuch
Weihnacht mit Th. Bernhard
Thomas Bernhard, *Briefwechsel*

Marius Huszar
Und werfen Steine, *Erzählungen*

Heinz Janisch
Lobreden, *Kurzprosa*

Franz Kain
Auf dem Taubenmarkt, *Roman*
Das Brennesseldickicht, *Erz.*
Der Schnee war warm und sanft, *Erz.*
Die Donau fließt vorbei, *Erzählungen*
Die Lawine, *Erzählungen*

Michael Köhlmeier
Marile und der Bär, *Ein Kinderbuch*
Meine Mann Männchen, *Eine blaukrause Geschichte*

Franz Krahberger
Die Freude und der Schmerz, *Texte*

Josef Kramer
Umi & Uma, *Aufzeichnungen*

G. G. Krenner
Scheinbar ohne Bewegung, *Roman*

Astrid Habiba Kreszmeier
Das Schiff Noah, *Reisetagebuch*

Gerhard Lampersberg
diarium

Gregor M. Lepka
Laß den Mund, *Gedichte*

Fritz Lichtenauer
Einschicht, *Hörspiele*
sogi sogi, *Dialektgedichte*
bleangazn/blingazn, *Dialektgedichte*

Khalid Al Maaly
Mitternachtswüste, *Lyrik*
Gedichte arabisch - deutsch

Gerda Maleta
Seteais, *Tage mit Thomas Bernhard*

Friederike Mayröcker
Betblumen, *Prosa, Bilder*
Blumenwerk, *Ländliches Journal*

Kurt Mitterndorfer
in tiefste nacht / in hellstes licht
Nur wir zwei, *Liebesgedichte*

John Montague
Das verlorene Notizbuch, *Prosa*

Herbert Moritz
Lehrjahre. *Thomas Bernhard – Vom Journalisten zum Dichter*

André Müller
Zweite Liebe, *Prosa*
Gedankenvernichtung, *Kurzprosa*
Im Gespräch mit Thomas Bernhard
Im Gespräch mit Peter Handke
Österreicher(innen), *Gespräche*

Richard Pils
Die Lagune, *Lyrik*

Alfred Pittertschatscher
Die Räuspertaste, *Radioanekdoten*

Elisabeth Praher
Das Gewölbe, *Roman*

Andreas Renoldner
Karl Ömperdinger, *Roman*
Das Leben des hl. Pieslwang, *Roman*

Franz Rieger
Querland, *Erzählung*
Aufgebote des Zweifels, *Lyrik*
Orkan, *Roman*
Das Tor meines Mundes, *Gedichte*

Mundl Schöngruber
Die Galgenvögel, *Roman*

Waltraud Seidlhofer
bruch/stücke variationen, *Prosa*
bild/er/betrachtungen, *Prosa*

publication PN° 1
Bibliothek der Provinz

Anna Sonnleitner
Alt-Urfahr, *Erzählungen*
Unser Urfahr, *Erzählungen*
Aus der Schule geschwätzt, *Erz.*

Franz Stelzhamer
Kleinigkeiten, *Erzählungen*
Groß-Piesenham, *Erzählungen*

Adalbert Stifter
Jedes Sandkorn ist ein Stück
Wechselvoll verrauscht das Leben, *Lyrik*
Wenn dich fern von mir der Abend kühlet, *Briefwechsel*
In deinem Arm in frohem Lächeln eilen, *Briefwechsel zwischen Amalia und Adalbert Stifter*
Winterbriefe aus Kirchschlag
Weihnacht/Silvester
Die Sonnenfinsternis
Die Charwoche
Ein Gang durch die Katakomben
Granit
Die lindene Monstranze zu Kefermarkt

Theodor Storm
Vergiß die Rose nicht, *Märchen*

August Strindberg
Wenn *nein*, nein!
Briefwechsel mit Frieda Uhl

Stephen Tapscott
mesopotamia, *Lyrik*

Franz Tumler
Der Keksfresser, *Erzählung*

Hans Viehböck
Nachtfahrt, *Dialektgedichte*

Richard Wall
Blackthorn, *Prosa*
Sommerlich Dorf, *Erzählungen*

Susi Wallner
Der Landbriefträger, *Erzählungen*

Andrea Welker
George Tabori, *Portraits*

Richard Zach
Die schönen Worte fallen Welk und fremd ..., *Kassibertexte*

LiteraTour
Skriptum I/II
Welser Anthologie

Kunst

Wolfgang Böhm
Die Freude und der Schmerz, *Bilder*

Adolf Degenhardt
Begnadet für das Schöne

Manfred Hebenstreit
Schmalvertikal, *Eisenplatten, Aufzugstüren, Paravents*

Tobias R. Pils
Trag dich, *Zeichnungen*
Betblumen, *Zeichnungen*

Wolfgang Stifter
Das Florenzpapier,
Grafische Partituren

Regional

Burgen und Nagelein
Sagen aus Königswiesen und Umgebung

Freistadt
Ländliche Stadtbilder
Fritz Fellner

Freistadt
einst und jetzt
in Wort und Bild
Dr. Othmar Rappersberger

Der Freiwald
Dorferinnerungen

Der Freiwald
Dorfbilder

Gmünd
Randbedingungen
Franz Drach

Gmünd
Umgebung

Hackstock
Umgebung

Hartheim
wohin unbekannt
Johann Neuhauser
Michaela Pfaffenwimmer

Hartheimer Statistik

Kefermarkt
Sagen, Erzählungen
und Andeutungen

Königswiesen
Ansichten

Trattenbach
Taschenfeitl und Schmiedehämmer

Unterweißenbach
1935–1945

Alt-Urfahr
Liebe zu einer kleinen Welt
Anna Sonnleitner

Unser Urfahr
Erzählungen und Bilder
Anna Sonnleitner

Weitra
in alten Ansichten

Wielings
Erzählungen, Hedwig Hawle

Kinder

Meine Mann Männchen
Eine blaukrause Geschichte
Marile und der Bär
Kinderbücher von
Michael Köhlmeier

Die Maus Cölestin
Ein Kinderbuch
Hermann Haider

Der daumenlange Hansel
mit dem ellenlangen Barte
1716

Das Linzer Räthselbuch
1835

Ich bin du und ich
Kindertexte

Das Mühlviertel, *Sagen*
Das Hausruckviertel, *Sagen*
Das Innviertel, *Sagen*

Curiosa

Sagen und Erzählungen
aus der Vorzeit von dem Erzherzogthume Österreich ob der Enns, 1834

Das Linzer Kochbuch
aus dem Jahre 1827

Die Zauberflöte
Apollo Mozzart 1793

*publication PN°*1
Bibliothek der Provinz

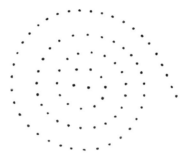

Verlag für Literatur, Kunst und Musikalien